日本世相

大家话扶桑

总主编　胡一平　喻杉

主编　库索

插画　毛丹青

U0361243

上海交通大学出版社
SHANGHAI JIAO TONG UNIVERSITY PRESS

笹川日中友好基金
SASAKAWA PEACE FOUNDATION

内容提要

本书关注日本世相和日本社会，书中收录了十几位知日或旅日作者的日本观察，全书主要由日本的教育、日本人的生活状态、日式社交、日本老人及老龄化现象、日本文化的底色五部分内容展开。在这本书里，可以看见一个日本孩子成长过程中接受的教育，可以看见日本人面对当下社会困境的态度及对于寻求出路做出的努力，可以看见日式社交对于规矩和分寸极为讲究又远不止于此，可以看见日本老人面对衰老和死亡时展现出的积极姿态，而这一切归根到底是日本文化的作用。

图书在版编目（CIP）数据

日本世相：大家话扶桑 / 库索主编. —上海：上海交通大学出版社，2022.9
ISBN 978-7-313-26983-6

Ⅰ.①日… Ⅱ.①库… Ⅲ.①社会生活–研究–日本 Ⅳ.①D731.38

中国版本图书馆CIP数据核字（2022）第140244号

日本世相：大家话扶桑
RIBEN SHIXIANG: DAJIA HUA FUSANG

主　　编：库　索
出版发行：上海交通大学出版社　　　　　　　地　　址：上海市番禺路951号
邮政编码：200030　　　　　　　　　　　　　电　　话：021-64071208
印　　制：苏州市越洋印刷有限公司　　　　　经　　销：全国新华书店
开　　本：880mm×1230mm　1/32　　　　　印　　张：10
字　　数：190千字
版　　次：2022年9月第1版　　　　　　　　　印　　次：2022年9月第1次印刷
书　　号：ISBN 978-7-313-26983-6
定　　价：78.00元

前　言

前段时间，在中国一个线上的调查问卷中，被问到"疫情结束后，最想去哪个国家旅游？"日本远远超过欧美国家，成为人们选择的第一旅游目的地。

中国人对日本的旅游热情是有迹可循的。从 2009 年日本开放中国人赴日自由行并不断放宽签证政策起，一直到 2019 年，10 年中，访日中国人数连年递增，在日本掀起了经久不衰的中国游客热潮。在疫情暴发前的 2019 年，访日外国游客达到 3 188 万人次，其中中国游客就占近三成，达到 959.43 万人次，这也是历史最高。

2016 年年底，日本笹川日中友好基金和中方钝角传媒合作，开设了在中国的推广公众号"一览扶桑"。笹川日中友好基金自 1989 年成立以来，策划并开展了中国沿海市长访日交流、中日中青年军官互访交流、中国大学生访日交流、媒体人访日及中日学者交流对话等项目，为中日两国间的交流提供了重要的支持。"一览扶桑"不仅致力于展现项目成果，还邀请到了一批对日本有深入观察和了解的知日作者担任专栏作者，通过日常的书写与介绍，让更多中国读者认识到中日两国在文化和生活方面相互交流的现状和发展趋势。疫情发生后，在中日两国民众面对面交流机会不断减少的情况下，也持续对疫情时期的日本生活和社会现状进行全面的介绍，以新媒体时代特有的方式来加强民间的相互了解。

2022年，正值中日邦交正常化50周年之际，在迎来中日关系发展史上一个重要里程碑的此时，我们精选了"一览扶桑"中具有代表意义的一些文章结集成为这本书。真诚地希望通过这本书，能够传达我们对中日民间友好的愿望，推动两国民众增进相互理解，也真诚地希望疫情结束后，无论中国还是日本，都能有更多拥有开阔眼界的人们投入到更具体、更生动、更日常的交流活动之中来。

还记得在新冠疫情刚发生时，有一批从日本送往中国的捐赠物资，让"山川异域，风月同天"这句话引起了中国网友的热议。遥想在一千多年前遣唐使的时代，同样是因为被这首诗歌深深打动，鉴真和尚决定东渡日本，历经重重艰辛，终于实现了中日历史上一次伟大的文化交流实践活动。在中日建交半个世纪后的今天，我们谨以此书，来重新回顾中日交流活动的意义，或许正是在疫情下的当今世界，才能更明白这句话背后的真意：你我虽然远隔山川，身在异域，但却被同样的清风吹拂，仰望着同一轮明月。

谨以此书，愿中日民众友谊长存。

编者

2022 年 8 月

目录

1
什么才是好的教育 /001

2
但我还是选择这样的生活 /043

3
规矩，不是日式社交的全部 /151

什么才是好的教育

中国人的"精英教育"，日本人的"常识教育"

唐辛子

因为有给女儿写成长日记的习惯，我写过不少介绍日本教育的文章，所以经常被问到"你觉得中国教育和日本教育最大的区别是什么呢？"

如果只用一句话来概括，我觉得：中国比较重视"精英教育"，而日本更加重视"常识教育"。

例如谈到现代中国教育，很流行的一句话是"不要让孩子输在起跑线上"，按我个人的理解，这就属于典型的"精英教育"思维方式。孩子小小年纪，就被要求博闻强记：不仅要会背诵唐诗宋词，还要求英文口语流利，并且钢琴绘画还能样样拿得出手，有一部分家长认为只有这样，才能让自己的孩子赢在起跑线上。

在日本，当然也有精英教育，但是总体来说，在日本人的育儿理念中，对低幼儿童更为重视的还是"常识教育"，因为孩子长大成人之后，都必须走入社会。如何在"社会"这个公共空间中懂得常识、遵守公共空间的秩序和礼仪，并且拥有文明社会应有的公德心——这些都是必须在童年时期就开始学习和懂得的。

所以，日本的家庭以及学校，对于低幼儿童的培养，非常注重两个方面：第一是"体能"，第二是"习惯"。

先说体能的培养。"体能"其实是个书面用语，所谓"体能的培养"，用日常口语来说，就是让孩子能够很"自由地玩"。日文当中有一句俗话，叫"風の子"，翻译成中文，意思就是"风的孩子"。许多到过日本的朋友都会惊叹：日本孩子怎么大冬天都光着个脚丫，连袜子都不穿的，不怕感冒着凉吗？还真是这样，日本孩子不仅大冬天里光着脚丫，而且还会只穿短裤，女孩子下雪天都穿着裙子，光着两条腿走在雪地里。

我刚到日本时对这些也看不明白，也曾疑惑地问日本的朋友。日本朋友回答说：孩子是属于风的孩子啊！让他们少穿一点，才不会影响他们在外面奔跑玩耍。

日本的父母，对于"孩子在外面跑、在外面玩"这件事，看得特别重。日本的孩子不仅从小就由父母领着去公园、去户外玩，上幼儿园以后，除了由老师领着做些手工之外，大部分时间也都在操场上光着腿，你追我赶地玩耍：玩沙子、玩泥巴、做游戏……。说实话，当年我家小朋友该上幼儿园的时候，我也曾犹豫过好一阵子，甚至想过要将孩子送回国，因为日本的幼儿园和小学，每天就是玩，文化学习时间非常少，作为一位热爱教育的母亲，我也曾担心自己的孩子会输在起跑线上。

但是，一位日本妈妈的一番话说服了我，我最后还是将孩子送进了日本的幼儿园。这位日本妈妈对我说：你不要小看孩子们的玩耍，孩子们每天在户外玩耍的时间越多，运动量也就越大，这对于培养孩子的体能和体力非常有帮助。一个人的体力是非常重要的，因为孩子们上学之后，关键时刻的升学大考，最终拼的就是体力。只有体力好的孩子，才能保持清晰的头脑，才能持久应战，临场发挥也会更好。

这位日本妈妈的说法其实是非常有道理的。不仅仅是高考这类决定人生的重要考试，未来孩子长大成人，走上社会以后，体能和体力也非常重要。例如：很多的国际贸易谈判，都是长时间的拉锯战，非常需要持久的体力。而一个人持久的体力，也保证了其恒心与耐力。只有拥有足够的体力，才能一直保持思维清晰、自信和坚定，才能够坚持到最后，得到满意的谈判结果。

正是因为"风的孩子"的说法，日本所有的住宅区，都会修建免费的儿童公园，而且每个儿童公园都肯定是泥巴地、有沙坑。这就是为了孩子们能光着脚在泥巴地上奔跑，泥巴地很柔软，孩子们光着脚丫疯跑，也不容易受伤。

日本的幼儿园和学校的操场，也一样是泥巴地。而且，为了有意识地培养孩子们的体力和耐力，每年冬天，日本的幼儿园和小学，都有"冬季耐力跑"——大清早，孩子们穿着短衣短裤的运动服，由老师领着在操场上跑步，一年级小朋友跑 800 米，二年级跑 1 200 米，三四年级跑 1 500 米，到了五六年级这样的高年级，就要求跑 2 000 米。当然，学校不同，可能要求不太一样，但所有的幼儿园和小学，都肯定会有"冬季耐力跑"这个项目。0℃以下的气温里，小朋友们可以穿着短衣短裤，跑步跑到浑身发热，然后再开始一天的学习和生活。日本人普遍不太怕冷，估计也跟他们从小接受的这种耐寒训练有很大的关系。

除了体能的培养，日本的常识教育中，对于低幼儿童的"习惯培养"也极其重视。

我女儿在日本上小学一年级的时候，曾经带回家一份"努力度自我确认表"，这份供小学低年级孩子进行自我努力度确认的表格，共有 14 个项目，内容是这么写的：

1：能够做到早睡早起了；

2：一日三餐都好好地吃了饭；

3：不挑食，什么都吃；

4：能够做到总是保持正确的姿势；

5：能够明朗、精神地大声问候；

6：没有受过什么大伤；

7：饭后能做到好好刷牙；

8：认真洗手、漱口；

9：在户外精神百倍地玩耍；

10：没有忘记随身携带手绢和纸巾；

11：借的东西都好好地归还了；

12：和小朋友很友好地一起玩耍；

13：没有说过朋友们的坏话；

14：没有脱离小朋友们。

这份给低年级孩子看的"努力度自我确认表"的 14 个项目中，有两次提到了"玩耍"，但没有一个项目是与学习有关的。可见日本人对于儿童的"玩耍"这一点，非常看重。前面已经介绍过了，孩子的"玩耍"，不只是玩，还是体力的培养，关系到孩子的健康和体能。因此，当"在户外精神百倍地玩耍"这一条成为习惯时，孩子将来长大，也会成为一个热衷于户外运动的大人。

除了两次提到"玩耍"以外，表中还两次提到了"吃"——好好吃饭和不挑食、什么都吃。日本在进入 21 世纪以后，对于儿童的"食育"培养非常重视。"食"字的写法，是一个"人"字下面一个"良"字，这表示：人要吃良好的东西，才能有益于健康。所以，"食育的培养"，不仅仅是培养孩子从小要明了饮食安全，还要掌握有益于健康的饮食方法。

例如，日本的"食育"中，要求孩子吃饭要"细嚼慢咽"。细嚼慢咽能够令食物得到充分咀嚼，令食物里的营养在进入肠胃之后，能够得到充分的吸收，并且不会给肠胃带来不必要的负担。而且，吃东西太快，除了吃相不雅外，也很容易导致吃得过多，而吃得过多是肥胖的主要原因之一。

总结上面的两点：热衷于户外运动，并且从小掌握良好的饮食方法，这样的习惯，无疑是健康的福音。

此外，除了"玩"和"吃"，这个"努力度自我确认表"里，还提到要跟其他小朋友一起友好相处、不背后说其他小朋友坏话、不脱离小朋友——人是社会性的动物，参与社会活动，除了提升自我之外，另一点最重要的，就是懂得如何处理人际关系——所以，从小学会如何跟周围的人友好相处，这一点非常重要，要在现代文明社会里获得和谐的朋友圈子以及友善的公共社会关系和井然的公共空间秩序，是非常有必要从娃娃开始教育培养的。

日本社会的基本常识，就是不给别人添麻烦。什么样的人不给别人添麻烦呢？第一是身体健康的人，第二是拥有良好习惯的人，在这两个基础上，如果还能拥有宽容、体谅之心，就能在社会以及自己的人际圈子里，成为受欢迎的人。

为什么校长必须第一个为学生试吃校餐？

唐辛子

上海电视台纪实频道曾到日本采访，通过跟踪拍摄我女儿一天的学校生活，来介绍日本现阶段小学教育的实施情况。

在学校午餐开始前，我们从体育馆前往教室，准备去拍摄日本小学生们如何吃校餐。路过校长室时，看到校长室的门打开着，校长一个人端坐在室内享用午餐。这令我有些惊讶，忍不住朝正在用餐的校长多看了一眼。

大概是注意到我的目光了吧，校长当即走了出来，告诉我说：学校食堂的午餐，他每天都是第一个食用者。这并非因为他是校长，所以能够优先吃午餐。而是因为他身为一校之长，每天必须第一个"试食"——这些午餐是为孩子们和学校老师准备的，校长作为负责人必须检查当天午餐的新鲜度、营养度，以及是否按既定菜单进行烹饪制作等。

校长每天第一个为学生试食校餐，这是日本学校的校长责任制中校餐安全管理之一环。

校餐，在日文中称为"学校给食"。日本最早的校餐，可以追溯到明治时代的1889年。而日本最早的校餐法，则出台于战后昭和时代的1954年。当时对校餐的要求并不太高，着眼点主要放在"营养"二字上，只要求各地方公共团体能够做到让"校食普及并健全发展"就好。一直到平成年代的1996年，大阪府堺市发生因校餐引起9 523名儿童集体中毒且其中3人死亡的恶性校餐安全事件，日本才在翌年制定了"学校给食卫生管理基准"。之后，又分别在2003年、2005年以及2008年进行过三次修订。

关于"学校给食卫生管理基准"有很多条细则，限于篇幅，这里只摘译关于"学校给食的调理①设备"中的前面几项要求作为例子，略作介绍。

1. 用于学校校餐的调理设备，不可以固定，必须是可移动式的。

这样做的好处，是校餐制作间不会出现卫生死角，而且午餐制作结束之后，能移动到清洗间进行彻底清洗，不会弄湿校餐制作间的地面。校餐厨房的地面是不可以有一滴水的，这样才能防止细菌繁殖。

---

① 此处的"调理"即烹饪。

2. 必须为所有可移动式的调理设备设置无污染保管空间。

这样做是为了防止已经清洗、消毒过的调理设备，在保管过程中被污染。

3. 冷热给水设备，按必要的使用数量设置，给水栓必须是方便使用手肘（或双足）进行开关的杠杆式，以防止手指接触给水开关。

这条不需要说明，一看应该就明白：仍然是防止接触式污染。

4. 必须确保必要数量的校餐配送车，以使制作好的校餐在2小时之内全部配送完毕。

即使是加热处理过的食品，也不能保证是完全无菌的。细菌繁殖与温度和时间有很大关系。温度30℃左右时，超过2小时，细菌就会开始繁殖。因此必须在2小时内完成全部配送。

5. 必须为校餐制作人员提供专用的洗手间。

专用洗手间应该距离校餐制作间3米以上。应该设置更衣处、洗手处、独立的封闭卫生间。在进入卫生间前必须先在更衣处脱下校餐制作用的白色制服以及口罩；卫生间使用完毕之后，必须在洗手处使用每个人专用的手指刷清洗手指。洗手池必须宽、大、深，方便制作人员清洗到手肘。洗手池水栓必须是方便使用手肘（或双足）进行开关的杠杆式。

还有更多条十分细致的要求事项，例如：蔬菜必须使用三槽式水槽进行清洗、室内温度始终控制在25℃以下、湿度80%以下、空调风不可直接吹向调理器具……

不再继续列举了，再举例就变成一本"日本校餐卫生安全手册"了。

喜欢日剧的人，如果看过2016年秋季富士电视台星期四剧场的《Chef～三星级营养午餐》，也许会记得其中的镜头：米其林三星主厨星野光子，因遭人陷害爆出"食物中毒"丑闻，以至没有一家餐厅敢聘用她。为此，她不得不选择去参加电视台一个叫作"校餐之星"的真人秀节目，前往三叶小学为300多位孩子制作学校午餐。

骄傲的星野主厨在制作了一段时间的学校午餐之后，才发现做一名日本校餐的炊事员，比做一名米其林三星的高级主厨更麻烦：学校营养师除了制定菜单，还要和调理师一起负责卫生管理——厨房间的清扫、消毒。每天早晨送到的食材，必须一件一件地严格检查，并检测表面温度；厨房地板不能有一滴水，以防细菌繁殖；切蔬菜必须使用专用的防菌机器；制作午餐时，必须穿戴白色调理服、白色调理帽、白色大口罩，所有食材必须在规定时间内完成烹饪，并在规定时间内准时开餐……

这个时候，星野主厨才终于懂得了真人秀节目策划当初劝说她的一段话的含义。节目策划说："星野主厨，你知道校餐最重要的是什么吗？是安全与安心。现在所有校餐的厨房，比任何餐厅都要干净整洁，校餐都是在严格的卫生管理体系下制作的。如果你的学校午餐制作能够成功，你想回归三星餐厅的心愿，不就可以实现了吗？"

现在，日本的学校午餐主要分为学校食堂和校餐中心配送两种方式。相比学校食堂，校餐中心配送的薄弱之处，是运送到各所学校需要花时间，热食难以保温。另外还存在一个隐患：因为校餐中心同时为多所学校提供校餐，万一食品安全环节出问题，很容易发生大规模中毒事件。

因此，日本文部省倡议学校食堂自制午餐。按照日本文部省的规定，学校自己办食堂给孩子们提供校餐的话，各所学校必须根据在校学生人数，拥有相应人数的国家资格营养师。学校营养师由各都道府县聘用，属于都道府县的公务员，主要工作是根据儿童成长需要的热量、碳水化合物、脂肪、蛋白质、多种维生素等，按比例制定营养菜单。

日本学校通常会提早两个星期，就将下个月一整月的菜单打印出来由孩子带回家交给家长，目的是让孩子家长参考学校菜单，决定孩子在家中的饮食，以避免与学校菜单发生冲突或重复。尽管学校营养师必须以"月"为单位制定每月菜单，但一个月每餐的菜单都不一样，以日餐、西餐、中餐这三大类为主，基本不会重复。菜单上还会标明每一餐的营养成分，如热量、盐分、营养群等，此外还会标明食材来源与产地。

一般而言，学校午餐的食材以就地取材、自产自销为主，这样不仅可以节省运输成本，而且就地取材的食品也更新鲜营养，更能令学生家长们放心。日本人大都迷信自己的产品：东西是 made in Japan（日本生产）的好，食品产地是家门口的好，当然自己院子里种的那更是好上加好。

早在 1896 年，日本著名的养生学家石冢左玄就在其著作《食物养生法》中提出："体育智育才育即是食育。"一百多年之后的 2005 年，日本政府颁布了《食育基本法》，并将"食育"作为一项国民运动，以家庭、学校、保育所、地域等为单位，在日本全国普及推广。

在食育知识的普及上，学校营养师是主要的责任者之一，不仅给孩子们上课讲解食品营养、食品安全，还会定期给家长上课，培养家长对食育的重视。例如我，就得益于学校组织的食育培训课，懂得了一份早餐对孩子成长的重要性：

人的大脑每天需要消耗约 120 克葡萄糖。我们血液里所含的葡萄糖，有 50% 是被大脑消耗的。而葡萄糖的主要来源，是富含淀粉的米饭、面类等主食。在食用主食之后的 30 分钟，血液中的葡萄糖（血糖）达到最高值，徐徐为大脑输送养分。而余下的葡萄糖，则被肝脏作为糖原储存起来，在大脑需要的时候，再转换成葡萄糖。

但这种储存是以 12 小时为界限的，而人即使在睡眠的时候，大脑也依旧在工作，所以，早晨起床后到早餐前的这段时间，是大脑血糖值最低、最为能源不足的时候。

因此，不吃早餐的人容易记忆力低下，工作效率低；孩子不吃早餐，不仅影响成长发育，在学习时还很难集中精力，且容易焦躁和发怒。

明白了这一点之后，无论多忙，我都会坚持早起给女儿准备早餐，并且按食育要求，保证每一顿早餐都有以下四大类保证营养平衡的食物群：

① 鸡蛋、牛奶、乳制品

② 鱼类、贝类、肉类、豆类、豆制品

③ 蔬菜、芋类、水果

④ 谷物、油脂、糖类

以前看一本日文童书，里面提到"食"字的写法，说："食"就是一个"人"字再加一个"良"字，意思是人要吃好的东西，才能拥有健康。而好的东西有几个要素：第一是安全，第二是营养，第三是可口。面对一份安全营养可口的美食，任何人的心里都会充满感恩吧。

从日本妈妈是如何回答孩子性提问而想到的

姜建强

　　日本的规则，是否就是世界的非规则？日本的常识，是否就是世界的非常识？

　　或者，日本的规则，就是世界的规则？日本的常识，就是世界的常识？

　　再或者，上述逻辑设问可转换成如下的文本设问：

　　从战败的废墟中走出来的日本，在亚洲率先实现了现代化，而整个社会没有出现大的动荡，社会秩序也能保持稳定。这是为什么？这个奇迹又是如何发生的？

　　人们在惊奇中叹服，在叹服中惊奇。要知道这是多少个国家、多少位政治家梦寐以求的发展模式：尽可能地少花代价，最好不花代价，就能将贫困赶走，将国民素质提高，将文明度提升。到那个时候，国民们会惊喜：太阳真的是照在宫殿上也照在阴沟里了，月亮真的是升在山顶上也升在杂木林上了。因为在这之前，太阳只照在宫殿上，月亮只升在山顶上。

是的，当我们再度省思这个问题的时候，我想起曾在日本推特上看到过这么一个话题：一位妈妈带着小学三年级的儿子到便利店买东西。儿子突然问妈妈这样一个问题：便利店为什么会有"エロ本"（成人杂志）的呢？

面对儿子突如其来的提问，做妈妈的有些心慌。但在冷静思考之后，这位妈妈这样回答：大人吧，偶尔会有想看女人短裤和胸脯的时候。但是不能因为想看就随便看路人的短裤和胸脯，这样会被警察抓走的。那么想看怎么办呢？能实现这个愿望的就是"エロ本"（成人杂志）。

没想到这位妈妈回答的推文竟然被日本网友普遍叫好，疯狂转发。有网友在网上说："对小孩来说，父母说谎或是含糊带过才是最令他们难过的，会觉得自己没有被信任。这可能会给小孩留下不好的影响，所以像推主这样诚实面对小孩的回答是'亮'的。"显然，这位妈妈没有含糊没有说谎是这条推文的最大看点，也是网友大加赞赏的主要原因。家长对儿童教育的一条铁则，不就是尽可能不说谎，尽可能不含糊吗？可见，这位日本妈妈的回答是高素质的而不是低素质的。素质无可量化，它是一个总和。正如日本人家庭的"亲子共浴"，父母与子女在浴缸一起泡澡，而这个泡澡的年龄可以持续到小孩10多岁。在日本人看来，这种"浴育"

文化的核心就是用最诚实、最袒露、最本真的方式与孩子共处。在共浴中，不但可以进行最亲密的肌肤接触，养成最融洽的亲情关系，父母也能借此机会教育孩子坦然面对身体的发育，帮助孩子解决成长中的烦恼，而且包括游戏、数数、认字和唱歌等多项亲子活动，都可以在共浴中完成。人气动画片《樱桃小丸子》中，已经是小学三年级的小丸子，还和爸爸快活地一边泡澡一边唱歌的画面，相信任何人都不会产生暧昧或不愉快的联想吧。

是的，当我们再度省思日本奇迹是如何发生的时候，眼前跳出的是几年前热播剧《半泽直树》中的树脂螺丝钉的形象。不要小看这颗永不生锈、能抵挡300℃高温的树脂螺丝钉，它象征了日本这个国家的品格和技术。这就令人想起福泽谕吉说过的一句话：只要我的庆应义塾存在一天，日本就永远站在文明世界的行列。

越是对日本作持续性的观察与思考，越是对这个意向抱有更高的清晰度：即使只是他国的文明碎片，这个国度的人必将弯腰捡起，细心地珍藏在心灵的深处，然后将其拼接成一个完整的文明图式：他们在他们的新鲜清纯的山水精气中，他们在他们的难以捉摸的幽暗的物影中，他们在他们的阴湿雾气的灯火中，铸打着他们的灵性，孕育着他们的风雅，编织着他们的神秘。

写过《邓小平传》的美国著名学者傅高义，在20世纪70年代写过《日本第一》这本畅销书。这位东亚研究专家在书中得出这样的结论："日本之所以会成功，并非来自传统的国民性，古已有之的美德，而是来自日本独特的组织能力，措施和精心计划。"对此笔者是有着疑问的。

措施和精心计划从何而来？而这些措施与计划为什么又能达成？还不是与人的素质有关吗？还不是文明的天性使然吗？这之间的关系怎么能割舍呢？一旦割舍的话，又何以谈论精心和能力呢？显然这位非常聪明的政治学者是想绕开日本文明天性的问题，直接从经济面切入日本这个高度成长的躯体，获取自己想要的东西。但问题在于，任何事情都不是单一的。在这一点上，傅高义甚至还没有日本的一些学者们来得出色。

堺屋太一，这位学者兼官僚的日本人，早在20世纪90年代初就撰写《何谓日本》一书，提醒人们经济只不过是一个国家或者国民自身理想的手段，从长远的历史眼光来看，现在日本的繁荣只不过是长期积累的日本文化一瞬间的浅淡的光辉。这里，引人注目的逻辑关联就是繁荣与文化。而文化的长期积淀，诞生的就是新的文明体，所以，繁荣又与文明具有内在的连带关系。

显然，岛国地理决定了日本不可能成为一个统领世界的帝国，也很难引领人类文明。尽管用英语书写《茶之书》的作者冈仓天心早在多少年前就宣称：他从佛教哲学中发现了能称之为东洋普遍原理的东西。为此他将日本称为"亚洲的博物馆"。显然这是对看得见的毁灭之物所唱的挽歌，表达的是一种无奈的心理补偿。

但是我们若能调整视角重新审视的话，日本这个国家表现出的小确幸、小清新、小而美，还有那善待万事的文明天性以及开启零增长的幸福模式，这些非物质产品必然对世界带来借鉴意义。

早稻田大学文学部毕业、担任过中国国际广播电台日语节目主持人的青树明子，是日经中文网专栏的撰稿人。她写过一篇文章《世界上最幸福的事儿是什么？》，文中是这样写的：

最近经常有中国年轻人问我："日本女性希望结婚对象具有什么条件呢？"

我沉思着回答道："可能是爱情和温柔吧。"

于是，中国男性都无一例外地大吃一惊："就这些？房子，汽车，现金，不会要求？"

"我觉得，这些东西如果有，当然让人高兴，即使没有，如果有爱就很幸福了。"

最后青树明子在文章中写道："那么，今天的结论是什么呢？毫无疑问，娶日本女性为妻的男性是世界上最幸福的。"

这样来看，多少年前林语堂说过的这句话并没有过时："住美国房子，娶日本老婆，请中国厨子。"都说时间能改变一切，都说钱袋子能使人变坏，但日本女人的文明天性则依旧如故。这就令人想起1 000多年前宫廷才女清少纳言写的文字。她在《枕草子》里写女人的优雅之事:"年轻美貌的女子,将夏天的帷帐的下端搭在帐竿上,穿着白绫单衣,外罩二蓝的薄罗衣,在那里习字。"当然,还有《源氏物语》里张扬的女人哲学:女人敏慧过人,意趣也就少了;女人天分过高,男人就会退舍。

看来,日本女人也成了这个国家软实力的一部分了。一些外国游客在日本光顾风俗店,面对为自己服务的女孩,最常问的一个问题是:你是日本人吗?这里的身份确认之所以显得重要,就在于日本女人的名声已经在外。尽管已经离世的 AV 女优饭岛爱曾在《柏拉图式性爱》里大声设问:"谁?有没有男人肯为我流泪呢?大家玩完就走人。就算爱我,也只有在那个片刻。真是非常的寂寞啊。到底有没有好男人呢?"你看,一个在追问有没有好男人,一个在寻觅有没有好女人。

1543 年,葡萄牙人漂流到种子岛带来火枪和弹药。第二年日本人就会自己制作枪支了。1575 年的长篠合战,织田信长的铁炮队和武田胜赖的骑兵队交锋,那 1 000 发子弹连发的壮观景象,至今日本历史的教科书里还有记载。那时信长率领 1 万人的铁炮队全歼了胜赖的骑兵队。但到了江户时代,武士们佩戴的是腰刀而不是枪支。合战的时候要报上姓名然后一对一地真刀见胜负。

铁炮大国的日本为什么会忘记或不再发展铁炮呢?原来是为了固守既存的武士道。因为在当时的江户幕府看来,放弃使用枪支，是守卫武士道的绝对条件。当然你也可以说日本人太蠢、目光太短浅，但这条信息直射的更多的是日本人对精神固守的不动摇与自律。

对固守精神不动摇，放小来看，日本上班族男性至今还是西装革履，女性至今还是正装打扮，这些都是一种自律的内在要求。都微信时代了，都无现金化时代了，但日本人还在印制名片，还在认真地实施名片交换，还在低头哈腰地面对新结识的朋友"念经"：初次见面，请多关照。

日本人当然也意识到这里有伪善（我们所言的"装"）的一面，但即便如此，也仍然爱着它，护着它。因为伪善也有它的优点，只要生活在伪善之中，就不会对一切事物产生饥渴。看来，西方人一直热衷建构东洋的表象，按照著有《东方主义》一书的萨义德的说法，东洋学仿佛是一种"物自体"，还是有一定在理之处的。

2016年，丰田的高档车品牌"雷克萨斯"也推出了小学生书包。书包采用与雷克萨斯车身相同的碳纤维材料，这使书包既轻便又结实。当遇到地震，还可以当头盔挡在头顶上。日本小学生，又多了一层安全保护。这当然是令人感动与羡慕的。试问现在哪一个国家能做到这一点呢？为此我们看到了具有连带关系的数据显示：截至2016年5月，日本的大学和语言学校等在籍外国留学生达23万9287人。同比增加30 908人。这其中，来自中国大陆的留学生人数最多，达98 483人，增加了4 372人。安全系数高，文明程度高，学费低廉，亚文化发达以及路途近，都是中国人想去日本留学的主要原因。以前留学欧美的多，但这几年留学日本的多。这个"多"，实际上就是对一个国家综合指数认可的理性结果。

还有，当你在日本某地观光，慕名徒走长长的路，看到的只是一座显荒凉破旧的木建筑神社，可能会感到失望无聊甚至会感到枉了此行。但这就是日本的力量——不用巨大亮眼的物质加以炫耀，让木质在千年的暗影风雪中发霉，然后在霉变中生出新的灵魂。人们都说喜欢京都，但喜欢京都的什么呢？照笔者看不就是喜欢京都的发霉与生锈？

辜鸿铭说过，今日的日本人是唐代的中国人。华裔作家陈舜臣在《日本人与中国人》一书中也说：日本文明是掺水的中国文明，但又是互不相干的邻居。但问题在于无论是"唐代的中国人"，还是"掺水的中国文明"，"好学"恰恰是日本精神的原动力。

你看，早在1868年到1900年间，在日本工作过的外国人雇员就有8 367名。其中英国人4 353名，法国人1 578名，德国人1 223名，美国人1 213名。支给这些雇员的薪水大致是当时普通公务员薪酬的20倍左右，有的甚至还超出了当时的总理大臣。

有这样的求贤背景，我们就不奇怪这样的一些说法了：在日本历史上，黑船来航骚动是在1853年，但当时谁也没有想到的是在 1905 年的日俄战争中，日本能取胜；陷入战争泥沼最终战败是在 1945 年，但当时谁也没有想到的是日本能在 1990 年一跃成了全球经济大国；工业化进程中环境污染最严重是在 1960 年，但当时谁也没有想到的是在 2010 年的东京多摩川，又出现了鲇鱼的身姿。如果以 50 年为一个时代分水岭的话，那么到 2060 年的日本，又会是以一个怎样的姿态出现呢？

2013 年，一本《里山资本主义》在日本走红。日本综合研究所主任研究员藻谷浩介与 NHK 广岛采访班联合撰写了这本书。日语汉字的"里山"可理解为乡村与山林。金钱与增长的资本主义已经面临极限，如何使城市人回归里山，善用前人建立的休眠中的资产，以成本归零的方式让经济再生，同时建构一种全新的生活方式？这就令人想起美国作家梭罗以"文明生活里的过客"身份写下的《瓦尔登湖》。但不同点在于"里山"并不是"文明生活里的过客"，而是实实在在的文明生活的全部。可以想见，日本人倡导的里山资本主义是一条后现代的新路，这为全球发达国家提供了终极借镜。

日本人倾向于感觉，而不是理性；擅长微妙敏感的表达，而不是明确透彻的分析；偏爱实用主义，而不是理论思维；喜欢组织的技能，而不是恢宏的学术观念。但谁能说从理性获得的真理，就一定优于从直觉获得的真理呢？因为这就如同在消除了匮乏的痛苦之后，粗茶淡饭与丰盛筵席带来的快感是相同的。而官员是谦卑的、低头哈腰的还是大刺刺的、唯我独大？电梯门打开，是谦卑让人，还是目中无人往里面挤，则是这个国度的整体文明的体现。

只占世界人口 2% 的日本人，用去了世界上 40% 的药物。你看，全民医保的"卡哇伊"使日本人长寿。但长寿带来孤独。男人的孤独在村上春树的眼里则是永不滴落的波尔多葡萄酒酒渍。而女人的孤独在三岛由纪夫的笔下则是：女人无论多么孤独，都不会步入另一个世界，因为她不会放弃作为女人的存在。少子化已经令日本社会惊恐万分了，但写过《动物化的后现代》一书的哲学家东浩纪，则还在说生孩子是一种"暴力"。

原来不存在的东西，你让它开始存在了，这是多么的可怕。当一些国家在不断让交通提速，日本则要新干线慢些，再慢些。因为越提速，噪声越大。噪声变大，就有可能超过日本严格规定的住宅区噪声白天必须是 70 分贝以下、晚上必须是 55 分贝以下的规定。

这就回到了文章的开首。日本妈妈在便利店大实话地回答儿子性提问，日本家庭还在持续亲子共浴，这些对日本人来说属于理所当然，但对文明体的其他成员来说却并非理所当然。但恰恰是日本人坚守了这些看似非常识的理所当然，照傅高义的说法，他们漂亮地解决了"令我们头疼的一些问题"。如在日本，宠物的粪便要带走的。因此，带狗散步之际，携带小铲子和垃圾袋是常识。但我们经常在画报上看到一些国际大都市穿着美丽时装的女子，她们都是右手牵着狗，左手插进上衣口袋中。怎么，没带铲子？日本人会这样想。

"体验危险"比"注意安全"更重要

唐辛子

日本从幼儿园开始，每年都会制定各种安全避难训练：震灾避难训练、火灾避难训练、遭遇突发犯罪的防暴避难训练……这些安全避难训练，都可以视为"危险体感教育"的一部分。因为所有的安全避难训练都会事先预设一个模拟现场，然后孩子们在预设的模拟现场中由老师带领，学习如何有条不紊地安全撤离。

我在为我女儿记录的成长日记里，曾多次提及日本的幼儿园与学校是如何进行安全避难训练的。

其中有一篇是关于防范训练日的，是我女儿4岁上幼儿园中班时的事。

有一天，她回家告诉我说：

"妈妈，我们幼儿园里来了个蒙面的坏人。"

这话让我大吃一惊。那时候我们刚刚搬进新居，女儿也因此刚刚转进离家不远的一所幼儿园，这所幼儿园离车站很近，并正好位于一座高架桥的下面，从安全角度来看，地理位置不是很好。

听到孩子这句话，我不由得神经紧张，马上追问小朋友："来了个蒙面的坏人？真的吗？"

"真的。"小朋友回答说。

"那你们怎么办？老师呢？"

"我和其他小朋友都赶快按老师的要求，大家集中躲在一间教室，将门关好。老师们站在教室外面，手里拿着很粗的棍子，把蒙着脸的坏人赶跑了。"

听完小朋友的描述，我心里大松了口气，当下马上找出开学的时候幼儿园发给各位家长看的"年度活动安排表"，找到当天的日期，果然不出所料，只见在那一天的活动安排栏里，写着这么几个字："防犯训练日"。原来，小朋友所说的"蒙面的坏人"，是老师们自己扮的，那天是幼儿园定期举办的"防暴训练"的日子。

还有一篇是关于临海训练的。

小学六年级的女儿参加完学校组织的"临海训练"回家了。跟老师和同学们一起在海边野营了两晚，她的皮肤晒得更黑了。

我问她："临海训练感觉如何？"

她答："太可怕了！刚下海时，我感到身体一直往下沉，当时只觉得'我要死了！我要死了！'可是我不想就这样死在海里，于是拼命朝岸边游……游到岸边时，我感觉自己全身都在发抖……"

在各项体育运动中，我家小朋友最不擅长的就是游泳，因此对"临海训练"真是刻骨铭心。日本是个岛国，四面环水，从安全角度出发，孩子们必须从小学会游泳，以备非常时刻能够靠自力逃生。所以，按日本文部省的相关规定，公立学校都要按要求修建学校游泳池。

小学一二年级的小朋友，游泳课主要就是玩水，目的在于培养对水的亲近感。从三年级开始，就要学会游泳并进行考核了。学校一般教孩子们蛙泳和自由泳两种。三四年级同学的游泳考试要求蛙泳能游 50 米、自由泳 25 米。到五年级则要求蛙泳 100 米、自由泳 50 米。到小学六年级，就必须参加"临海训练"：由有经验的老师领着孩子们去下海游泳，要求孩子们在规定海域内游完 200 米。

另有一篇是关于"着衣水泳训练"的。

那天是女儿学校的"着衣水泳训练"日，我为她多准备了一套衣服，方便她参加"着衣水泳训练"之后更换。

从小学低年级到高年级，每年夏天的学校游泳课，都会有"着衣水泳训练"。所谓"着衣水泳"，就是指让孩子穿着日常服装，学会在"不小心掉落到水里"的情况下逃生和自救。因为数据调查显示：一个会游泳的人，平时穿上泳装如果能游 525 米远的话，穿上日常衣服泳力则起码减少一半，游到 250 米时便会精疲力竭。因此，即使孩子们在学校学会了游泳，在遭遇水难事故时，掌握有效的自救方法和逃生技巧也是非常重要的。

一般学校游泳课的"着衣水泳训练"要求孩子起码掌握以下几点：

1：身穿日常服装掉落水中时，是一种什么样的状态？

2：身穿日常服装时，应该使用何种游泳法？要怎么游才最有效？

3：在身穿日常衣服的状态下，自己能游多远？需要花多少时间？

4：身上的衣服以及鞋子等，对自己的游泳能力有什么样的影响？

5：能在游泳浮出水面的同时，做到大声呼救吗？

6：在水中有必要脱掉衣服吗？

7：如果正好身边有浮游物，该如何利用？

8：如果水温非常低，该注意些什么？

9：平时出门去水边钓鱼或玩耍时，必须注意些什么？

从上面的几段日记可以看到：日本孩子的安全防范训练、临海训练、着衣水泳训练等，都是在"体验危险"。"体验危险"的目的就是让人长记性，从此懂得防患于未然。因为远离危险的最好方法，并不是与危险隔绝，而是熟悉危险和认识危险。其原理与接种疫苗相近。无论是大人还是孩子，只有对身边的危险拥有熟悉感之后，才能从心理上产生有效抗体，冷静采取对策，确保自己与他人的安全。

在日本，虽然没有出现过恶劣的高温校车事件，但也有不少年轻的爸爸妈妈会因为"只是离开小会儿"而让孩子单独待在车厢内。日本汽车联盟（以下简称 JAF）曾经做过一个调查问卷，发现有三成以上的家长会将孩子单独留在车内。因为"很快就回来"，所以这些家长对此都不以为意。

JAF 因此做了一个车厢温度测试，用检测数据告诉家长们：单独将孩子留在车厢内有多危险。

JAF 首先将准备好的 5 台面包车的车厢内温度都调控在 25℃，然后在 35℃ 高温下，从中午 12 点放置到下午 4 点。之后，5 台面包车分别测试出如下结果：

第一台黑色面包车：车门紧闭、不开空调，车厢内最高温度为 57℃，平均温度 51℃，仪表板附近最高温度 79℃。

第二台白色面包车：车门紧闭、不开空调，车厢内最高温度为 52℃，平均温度 47℃，仪表板附近最高温度 74℃。

第三台白色面包车：前车窗安置遮阳板，车门紧闭、不开空调，车厢内最高温度为 50℃，平均温度 45℃，仪表板附近最高温度 52℃。

第四台白色面包车：车窗打开 3 厘米，车门紧闭、不开空调，车厢内最高温度为 45℃，平均温度 42℃，仪表板附近最高温度 75℃。

第五台白色面包车：车门紧闭、打开空调，车厢内最高温度为 27℃，平均温度 26℃，仪表板附近最高温度 61℃。

从上述测试结果，JAF 得出的结论是：即使使用遮阳板，打开车窗，也无法防止车厢高温；而且就算打开空调控制车厢温度，但因为必须一直打开汽车发动机，无法排除误操作或者燃油耗尽的可能，所以同样具有危险性。

根据上面的检测温度，JAF 还进行了一些实验，发现仪表板附近 70 多摄氏度的高温，如持续一个小时左右，可以煎熟鸡蛋、令蜡笔融化、令打火机产生龟裂、使手机出现警告画面并导致部分功能无法使用。

从 WBGT 指数（即人体所受的热强度）来看，车厢空调只需关闭仅仅 15 分钟，WBGT 指数就会直线上升达到危险级别。尤其是幼儿的体温调节机能尚不发达，即使短时间处于高温中，体温也会迅速上升，导致死亡。因此，有些父母以"孩子睡着了"为由将孩子单独留在车内，是极其危险的事。

如何杜绝"幼童被遗忘在车内"事件再次发生？个人意见是：非常有必要让大人们切身体验一下车门紧闭的高温车厢。想让小孩子拥有安全的生活环境，大人们必须先教育自己，首先让自己认识危险。

疫情中，学者如何和孩子聊天

吉井忍

日本的广播电台除了有半官方性质的"日本放送协会"（NHK）之外，还有四大系列民营电台共 111 家，但我听得最多的还是 NHK 广播电台，主要原因是新闻内容比较可靠，也没有广告。之所以叫"半官方"，是因为它是日本唯一的公共广播机构，但主要经费来源于民众缴纳的"视听费"①，而并不是政府的财政预算，不做广告，算是一个独立于商业

---

① 日本放送协会虽然有接受日本政府补贴，但绝大部分经费来自受众交纳的收视费，如 NHK2015 年 6 831 亿日元（约合人民币 452 亿元）的收入中，仅有 36 亿日元（0.5%）是名为"交付金"的政府补贴。若要收看普通电视节目，每家每月交纳 1 260 日元，若包括卫星电视节目在内，每家每月交纳 2 230 日元。截至 2017 年，日本全国共有 3 765 万个家庭与 NHK 电视台签订了收看电视节目的合同。只收听广播不需要交纳收视费。

资本外的公立媒体。除了新闻节目之外，我特别喜欢听 NHK 广播电台的《小朋友科学电话咨询室》，从 1984 年至今，其风格一直没有太大的变化：小朋友自己打来电话问问题，由各领域的学者来回答。表面上是给儿童听的，但它其实是男女老少都喜欢的一个长寿人气节目。

之前该节目只在暑假期间播放，后来因为人气高，改成每周日播放两个小时。节目中每次对话的开头是打招呼，比如"你好"（こんにちは），其实现在我们说这句话都不多了，然后他们又以"谢谢"和"再见"道别。外面的世界这么混乱，一不小心就被卷进漩涡里，但至少在收音机上能听到这样固定而有礼的节奏，让我感到莫名的安宁。

疫情时代的爱情

2020 年 3 月下旬，我在这个节目里听到了一段非常可爱也很深奥的对话，节目接入的电话来自一个刚小学毕业的女孩，北海道出身，口气朴素，也带一点点当地口音：

"早上好！我想问一下，好像人类有两种，一辈子能够只爱一个人的，还有不会的，这是为什么呢？其他生物也是，有的会组织后宫，有的生物不会。"

每次节目有三个不同领域的学者来解答问题，主持人听完小朋友的提问之后，会把最合适的学者介绍给小朋友。这次负责回答的是一位脑科学教授：

"诶，你好呀。生物确实是有组织后宫的，它们之所以这么做主要是受基因和它们自己文化的影响。不过，今天就讲人类可以吧？大概在二十年前，其实我们这行学者很认真地讨论过类似的问题，因为那时候社会上的离婚率提升，跳槽的人也多起来，我们就想到这和基因是否有关系，然后做了些统计，比如某种基因和一生中结婚次数的关系等，好像还真有关系。有的学者赶紧写了论文，有的得意扬扬地讲给学生听，那就是所谓的基因主义，意思是说，我们人生中的一切都被基因决定好了。而在这几年，我们又发现，基因所产生的影响其实也没那么大。也就是说，某一件东西是否和一个结果有关，以及某一件事情会不会造成某个具体的结果，这是两回事。这点你明白吧？"

女孩子简单地说了一声"明白"。事情讲得比较深，当时我在洗碗，听到这里就关了水龙头、脱下手套，然后调响收音机的声音。脑科学教授继续解释：

"那好。所以，一个结果的后面，除了基因之外还有多种原因。譬如'苦味'，有的人生来具备能够接受苦味的基因，有的人没有，猴子也一样。我们发现，如若有一只猴子没有能吃苦味的基因，但它看到自己圈子里的其他猴子在吃带苦味的东西，还是会加入一起吃。这说明，哪怕你没有某方面的基因，但若受了周围的影响，你的行动还是会往那个方向变化。基因不会决定一切，但给人带来更多影响的是周围环境，尤其是你喜欢的或有共同感情的人，这些人更容易对你产生影响。也就是说，很多事情是偶然造成的。人生其实很短，在基因给你带来一个结果之前，你更容易受偶然的影响。"

女孩子说了一声"哦"。此刻教授反问她想不想用一辈子爱一个人，女孩毫不犹豫地回答："那当然！"教授乐了，笑一声说："这就是青春嘛！太好了。"

到这里，主持人问对方怎么会想到这个问题，女孩子又干脆利落地回道："因为我在电视里看见向媒体道歉的演员。"

主持人和教授都在憋笑。听她的回答我才想起，在疫情暴发前确实有一则新闻轰动了一段时间，那就是一位著名男演员的外遇丑闻，新闻曝光后他还开了一次记者会并表示歉意。

教授清了清嗓子说道："你这个年龄，就是在渴望爱一个人、和对方生育后一代的阶段。同时你的心里会出现另外一个会观察的、比较冷静的自己。你在心里会有很热情的和很冷静的两种人，你懂吗？"

"明白了。谢谢老师！"女孩子说了一声，主持人和脑科学教授也异口同声回道谢谢和再见。

据我理解，该节目每次都会接到上千次的电话。先由几位工作人员记下提问内容和小朋友的名字，写在纸条上并交给各位教授。教授们在其他人回答问题时查阅这些纸，选定一个问题，然后回电话给提问的小朋友，而节目制作方不介入这个筛选过程。有意思的是，学者在比较沉闷的社会氛围中竟然选了这样的问题来回答。它并不符合成人经常给小朋友讲的童话式爱情模式，甚至可能让部分听众感到尴尬，不过又正因为如此，才能够酿造出一次非常有意思的对话。

告诉男孩子，哭是可以的

当然，"小朋友科学电话咨询室"也介绍了一些有关疫情本身的提问。在 5 月初的黄金周期间，有一个来自大阪的小朋友打来电话，他刚上小学 ①，但至今只上过一天课，之后因疫情一直居家隔离。他说道："我想说，新冠肺炎病毒太可怕了，我晚上没法睡觉。老师，这样的感觉如何消灭好呢？"

这次负责回答的是发展心理学者，是一位声音非常温柔的女性，已经七十岁了。她首先对小朋友表示深深的同感："新冠肺炎病毒好可怕呀，我也觉得很可怕。但你这个可怕的感觉，也并不需要急着消灭呢。因为我们能够觉得可怕，才不会去做一些危险的事情。"

学者问小朋友是否每天勤洗手、进行消毒。小朋友用稚嫩的声音说："我都在做，也不去人多的地方。"学者夸他很厉害、做出了这么多的努力，同时解释，因为他觉得新冠肺炎病毒很可怕，所以会努力不被感染。她继续问他，从哪里获取疫情相关的信息，小朋友回道："看新闻。"

---

① 日本小学一般在四月开学。

学者道："那也挺好的，这说明你的感受力非常丰富，这是一个很重要的能力，意味着你很能懂别人的感受。你透过新闻知道有生病的或死去的人，然后你就能感觉到他们的辛苦和痛苦。看新闻就能感觉到这些，说明你这方面的感受力非常强。你应该为此感到骄傲呢。但晚上睡不着觉，这也很痛苦吧，那怎么办呢，我建议你去更深度理解正在发生什么。"

她继续说道，在大部分国家和地区限制人员流动或出入境的同时，国内外的研究者或医生携手交换信息，都在努力去研究并开发疫苗。"病毒确实很可怕，但医生和护士都很努力，你也在努力做自己该做的事情，你并不是一个人。可是你还是觉得很可怕或担心，也可以和家长分享你的感受，谈一谈。这也是人们在感到不安的时候很有效的一个解决方式。"

然而小朋友说，已经和父母谈过这件事。学者问他："那他们怎么说？"

小朋友："他们说，应该不会有问题。"

学者："我很高兴他们这么说。但若你实在受不了，也是可以哭的哦。"

小朋友："我已经在哭了。"

对话到这里为止，学者说"我们要一起继续努力"，小朋友说声"是"，道谢之后挂了电话。虽然是一次让人心疼的对话，但又能感觉到一丝温情在里面，让我印象深刻，同时，我也从中感觉到教育方面的一种变化。我小时候对男孩子的观念是比较固定的，他们要坚强、不应该哭（以免被叫"娘娘腔"），但这种外在赋予的观念确实会对他们造成不必要的压力。

成人也想问的问题

还有一次，有一个男孩子也提了类似的问题。他是来自爱知县的六岁男孩，在自我介绍中特意说自己刚上小学，虽然声音有点弱，但能听出一点骄傲，故此主持人和学者先纷纷道恭喜。但接下来他提出的问题，又让人有些心酸。他说："现在学校停课了，我觉得好寂寞。很想知道我的朋友们会不会也和我一样觉得很寂寞。"

这次负责回答的，又是那位七十岁的心理学者。她先还是对这位小朋友表示同感，并说道："期待很久的小学，又好久没有开课，这真会让人伤心呢！我也觉得非常遗憾。"小朋友说声"嗯"，我仿佛也能看见有一个小男孩点点头的样子。

学者接着说，她很能理解这位小朋友想见朋友们的心情，然后又强调，这就是非常重要的一个心态。"因为我们都没办法独自一个人活下去，我们是需要互相帮助的。也许偶尔会发生口角，但和别人共存、一起生活，就是我们人类社会很重要的一件事。现在你虽然觉得很难过，因为没办法见到朋友们，但我想，也许你会因此发现朋友对你来说有多么重要。"

男孩又说声"是"。这个节目听多了，你就会发现很多小朋友不太会发出声音，提出一个问题之后，不管学者给他们解释得多么热情，小朋友一方还是保持沉默，可能是因为太紧张或根本没听懂。有时候主持人听不下去了，会插一句："请问，到这里，可以明白吗？"而今天这位男孩子能够适当地发出声音并表示自己听懂，能感觉出是个很会打交道的孩子。我想，他的朋友应该很多。也许学者也有同感，她说：

"你现在这么想念曾经在一起的朋友们，也会想象上了小学还会有什么样的新朋友，这说明你过去交过很多朋友，关系也非常好。所以，我相信你的朋友们也肯定在想念你。我也非常希望你能见到朋友们。有一天真的见到他们，一起玩玩、学习或去运动，那多好呀。虽然现在很痛苦，但为了能够早点实现这样的目标，大家都还是在家里忍受着呢。"

主持人问男孩什么时候会想念朋友们，又问若见到朋友们想做什么。男孩说，就在家里的时候很想念他们，若见到朋友们"想尽情地玩"，想玩捉迷藏。

学者说："那听起来真好玩呢。其实呢，你越在家里不出门，越会想念别人呢。若你长大了一点会好一些，比如通过电话或发消息，还是可以跟朋友们交流，但对现在的你可能有点困难。那我建议，你可以想想以前很快乐的事情，想想你和幼儿园的朋友们玩过什么。"

　　对此学者的建议，这位六岁的男孩说明了自己在做的事情："嗯。因为我不是医生，也不会做药，所以呢，我现在洗手，也会祈祷早点和朋友们见面。"

　　学者："这也非常好。你的祈祷肯定会实现。我们就怀着期待，好好等待能见面的那一天。"

　　男孩："好。"

　　学者："你的朋友们也肯定和你一样，为了早点和你见面，努力洗手、消毒、居家隔离。现在有点辛苦，但这都是为了保护未来呢。我相信，因为你这么努力过，等有一天真的能够见到朋友们，你会感到双倍的开心。"

　　男孩："好，我会努力的。"

　　学者："不过若你觉得很寂寞、很伤心，还是可以哭的。哭了心情就会好一点，这也是我们心理学者研究出来的一件事。我知道你已经很努力克制了，所以想念朋友的时候可以哭出来，也可以喊朋友们的名字，然后说你很想念他们。"

　　这又是一样让人心疼的对话，但听完我发现，自己的郁闷减轻了不少，而这种感受和看线上演出或电影都不一样。在这个直播节目中，你听到有人拿出一颗疑惑或受了伤的心来分享，又听到有人认真对待它并尽可能给出一个最好的回答。其实这些小朋友们提出的问题，如爱情、不安或孤独，我们成年人也都有，只是切入的角度有些不同，而问题的本质是一样的。节目里的学者看似在回答小朋友的问题，但同时也在面对很多成人的困惑。估计这也是该节目的人气来源。

除了心理学，该节目里讨论的问题涉及各个领域，如："布谷鸟（大杜鹃）为什么不会自己营巢？""始祖鸟是鸟类还是恐龙？""人都这么大，为什么还会害怕虫子？""地球的妈妈在哪里？"每个提问听起来都比较简单，但包含一些很专业的内容，听各位学者绞尽脑汁如何用简单易懂的词语来解释问题，也是该节目的一个乐趣。

有一个小学二年级的女孩子，她提的问题是"心脏和心有什么不一样"，而在学者回答之后的聊天中，她说在居家隔离期间经常和弟弟一起玩。主持人问她玩什么，她回答说："弟弟马上要上幼儿园，我教他在幼儿园该怎么做。"听她这句话我感到特别惭愧。一是因为我从来没有对自己的妹妹这么好，二是觉得居家隔离中的自己根本比不过这位女孩子。听完节目，我便赶紧开始看书了。

疫情在世界上留下了历史性的印记，也让我们学会了珍惜生活中这小小的日常，这也是一种欣慰。

但我还是选择
这样的生活

满街都是有钱人，遍地都是穷光蛋

姜建强

日本人到底是有钱还是没有钱？

这是个有趣的话题。

日本是"一亿总下流"吗？

日本国税厅发表的 2017 年度的地价情况显示，东京银座"鸠居堂"门前的一平方米地块价格飙升到了 4 032 万日元（合 250 万元人民币）。一平方米 250 万元人民币，那么 10 平方米是 2 500 万元人民币，100 平方米是 2 亿 5 000 万元人民币。显然，上海也好，北京也好，还没有哪个地段有如此的天价。日本泡沫经济时期的 1992 年，这块银座之地是 3 650 万日元，现在成了历史最高。这块地标一直是日本经济的风向标，这样说来日本人应该是有钱的。

但令我们困惑的是，日本人好像并没有为此放松钱袋。这又何以见得？只要看看日本人的日常消费就可明白。日本人买省能源的家电，买低燃费车，买 LED 照明器具，买自行车替代私家车。日本人在优衣库解决穿着问题，1 990 日元的牛仔裤最抢手；日本人在宜得利家居（NITORI）解决家具问题，一个三人沙发只要 3 万多日元，而这在大冢家具店是绝对无法想象的，即便是在号称推广新生活的无印良品店也是一种奢望；多数日本人在牛丼快餐店、中华食堂日高屋解决就餐问题，在百元店和 24 小时便利店解决日常生活所需；傍晚的超市和面包店，日本人故作姿态地打发时间，等待打半折的时刻到来；港区、千代田区等高档区域的米其林三星店，预约者大多是外国食客；银座的地价虽然创历史新高，但首都圈附近的新开楼盘，并不好卖。就连有富人区之称的世田谷区开发的楼盘，销售人员也是在天天加班、动足脑筋琢磨如何拉客买房。

从消费市场不见起色来看，日本人好像没有钱。但日本最大型的面向富裕层的专门媒体 "YUCASEE media"（ゆかしメデイア）则表明，日本 100 万美元以上持有者的人数，2016 年为 282 万 6 000 人，比 2015 年增加了 73 万 8 000 人。同报告指出，2016 年全世界 100 万美元以上持有者的人数为 3 293 万 1 000 人。其中美国最多，为 1 355 万 4 000 人，占世界富裕层的 41%。日本为第二位，占世界富裕层的 9%。

而野村综合研究所 2015 年的一个调查表明：日本富裕

层和超富裕层加起来为 121.7 万户。其中富裕层为 114.4 万户，超富裕层为 7.3 万户。与 2013 年的户数相比较，富裕层增加了 20%，超富裕层增加了 35.2%。富裕层与超富裕层的纯金融资产总额（包含储蓄、股票、债券、投资信托、生命保险和养老保险等）为 272 万亿日元，超过了 2007 年的 254 万亿日元。其中富裕层的纯资产总额增加了 17.3%，超富裕层的纯资产总额增加了 2.7%。

在日本，富裕层的概念是纯金融资产的保有额超过 1 亿日元而不足 5 亿日元。超富裕层的概念是 5 亿日元以上。而准富裕层的概念是 5 000 万日元至 1 亿日元。到 2016 年年末，日本准富裕层有 315.2 万户。加上富裕层和超富裕层的 121.7 万户，一共为 436.9 万户。而据厚生劳动省在 2016 年的一个调查，日本接受最低生活保障的只有 162.8 万户。为此，有日本学者问，这怎么能说"一亿总下流""一亿总老后崩溃"呢？

日本现象："庶民的有钱人"

日本长年实施零利率制，100 万日元（合 6 万多人民币）存放银行，一年后的利息也只有 7 日元（合 4 角多人民币）。尽管如此，日本人还是喜欢存款。据日本银行统计，截至 2017 年 3 月底，日本人家计金融资产总额为 1 809 万亿日元，其中 937 万亿为现金存款，占 52%。1990 年日本家庭平均每户的金融资产只有 1 350 万日元，到 2015 年是 1 810 万日元，增幅为 34%。

在日本，存款排第一位的县是奈良县，为 1 780 万 7 000 日元。最末位的是冲绳县，为 529 万 4 000 日元。日本人为什么喜欢存款呢？因为还是感到安心。宁可不赚钱，也绝不冒风险破本金。虽然据《日本经济新闻》报道，2017 年日本市面上有约 6 000 种信投商品，这一数字是 10 年前的两倍，但大多数日本人还是不为所动。

明治安田生命保险公司实施的"和睦夫妇日"调查显示，日本人的零用钱在 2016 年人均为 29 503 日元。其中丈夫为 34 950 日元，妻子为 24 056 日元。这么点零用钱能解决什么问题呢？药妆店一瓶 SK-Ⅱ"神仙水"要 22 000 日元。东京最便宜的法国料理套餐是 1 万日元起价。而美国前总统奥巴马去过的银座小野二郎寿司店最低消费是 3 万日元。这样看，这些零用钱当然不够花。但是日本到处都是百元店，到处都是 24 小时便利店，到处都是"金之藏""鸟贵族"之类的廉价居酒屋，到处都是 240 日元的罗多伦（Doutor）咖啡店，到处都是二手书店 Book-off。面对这些低价格，零用钱倒也可以抵挡一阵。

日本人又称富裕层为"庶民的有钱人"。这是因为日本人对成为富豪缺乏自我认知，一不小心才发现自己的资产到了 1 亿日元。经济评论家加谷珪一将这一现象称为"小型富裕层"。他们是个怎样的存在呢？

他们本人或许是公务员，或许是上市企业的一名职员，配偶也是公务员或上市企业的职员，都拥有父辈留下的不动产。这些人一直干到退休，退休前还能拿到数千万日元的退职金。两人的储蓄加两人的退职金，如果再将继承的房产卖出，就是一个亿的纯金融资产了。从统计看虽然是进入了富裕层，但本质还是属于上班族。而上班族的一个特点就是养成了用每月的固定工资来维持生活的习惯，不像暴发户那样追求某些嗜好物品或者名牌商品。这也可以说是日本特有的富人现象。

在日本，超富裕层人数东京最多，为 7 783 人。第二位是神奈川县 2 227 人，第三位是爱知县 1 852 人。在东京的 7 783 名大富豪中，有 3 783 人居住在世田谷区，为第一；第二名是大田区 1 904 人；第三名是杉并区 1 776 人。出乎意料的是属于东京 23 区最末位的足立区也进入了前 10，有 739 名富豪居住。而属于有钱区域的千代田区和中央区则落选前 10。这表明超富裕层大多是超过 70 岁的老人，这些老人年轻的时候在自己生长的土地上打拼，老后成了富翁。所以他们更知何谓财富，何谓富豪。

直接用现金交易不高级？

想起一个有趣的现象，令人深思。人来到这个世上，万万没有想到的一件事就是自己的生命竟然会与金钱有关联。虽然金钱属身外之物，但是没有金钱生命就会断绝，这件事令人叫绝。生命是谁创造的，现在还没有标准答案，但金钱是人创造的这点是毫无疑问的。

司马迁的《史记·货殖列传》，在今天看来就是比尔·盖茨级的富豪列传。2 000多年前的司马迁能写出"天下熙熙，皆为利来；天下攘攘，皆为利往"这样的文字，这一方面固然表现出他是论述富豪与人类文明关系的第一人，另一方面表明他也是定格中国人金钱观的第一人——即使千乘之王，尚犹患贫，何况入户籍的小民。但日本的历史读物中则没有像《史记》那样提到大商人的。

《古事记》也好《日本书纪》也好，没有一处是写商人活动的。其实一直到战国时代为止，日本没有诞生过真正意义上的大商人。丰臣秀吉时代的堺市，好不容易才有了诞生大商人的外部环境。千利休的资产确实丰厚，但与其说利休是一名豪商还不如说他是一位茶人来得更妥帖。他留给后世的遗产也是精神性的茶道。日本真正的商业隆盛期是从江户时代才开始的。凌驾于大名之上的大商人，最初也就属纪伊国屋文左卫门之类。

日本历史上乱花钱的名人是铃木久五郎（后人习惯称他为铃久）。这位明治时期的著名股票投资家，在1906年（明治三十九年）用半年的时间获得了1 000万日元的巨额收入。当时的1日元相当于今天的20 000日元。换算一下，当时的1 000万日元就是今天的2 000亿日元，而那个时候整个明治国家预算仅有2亿5 000万日元。日语里"成金"（暴发户）一词就是在那个时候产生的。

这位铃久是如何花费这笔钱的呢？

据记载，他整夜地包下新桥、柳桥、赤坂、浜町等地的高级料亭，与艺伎玩乐。每到一处就将信封里的 10 日元（相当于现在的 20 万日元）抛向室内，让艺伎们争抢，一散就是 100 枚信封。他还将料亭里的池水抽换成啤酒，再放入大量的 5 日元（相当于现在的 10 万日元）让艺伎脱光衣服潜水摸抢。那个时候这位富豪就向美国订货要一辆爱车，当时的价格是 5 万日元，相当于今天的 10 亿日元。但第二年股票暴跌，铃久半年赚到的巨款两个月就全部清零，这位日本历史上的巨富一下子又变成了穷人。

直接用现金交易不高级？日本人时常有这样的感觉。所以日本人在支付各种费用时，很少用现金，使用银行转账的居多。葬礼上的香典，过年的压岁钱，参加会议的车马费，也都必须放在特制的纸袋里，以加以掩饰。有匹配 2 万日元以上的纸袋，也有适合 1 万日元以下的纸袋，金额不同纸袋也不同。银座的妈妈桑写《银座的资本论》，讲如何同时保持赚钱与优雅。虽然有此地无银三百两的感觉，但至少表面上不见粗鲁。

藤原敬之，这位每日操纵数千亿日元的基金操盘手、小说家，在 2013 年出版《叫做花钱的修养》（新潮社）一书。在大把花钱的世界，他的体会就是：色即是空，空即是色。永远是一瞬，一瞬是永远。他曾用 20 万日元买过北大路鲁山人用过的一个筷架，他曾用 80 万日元买过"天皇的眼

镜"，他进公司三年后就买下 33 万日元的椅子。他累计买了
5 000 枚 CD。他视书为"活物"，曾买过和辻哲郎、九鬼周
造、丸山真男、植谷雄高、小林秀雄、白洲正子等著名学者
和随笔家的全集。但他经常在吉野家解决晚餐。

不必为购买优衣库的服饰而害羞

优衣库老板柳井正 2016 年的总资产额是 146 亿美元，
为日本当年首富。其资产换算成日元是 1 兆 6 500 万日元。
如果想在一年内花完的话，一天要花费 50 亿日元。但他还
只是世界排名第 57 位。第二名是软银社长孙正义。他 2015
年也是第二名，总资产额是 117 亿美元。换算成日元是 1 兆
3 200 万日元，世界排名第 82。两人都是靠破坏市场，主打
廉价起家发财的大富豪。一个将日本的服装市场搞得天翻地
覆，一个将日本的电信市场搞得天翻地覆。但他们个人的生
活样态则没有受天翻地覆的影响，依旧低调不炫耀。

日本作家林望在 2009 年出版的《节约的王道》（日本经
济新闻社）中提出的一个"王道哲学"是：堂堂正正地走进
优衣库吧，不必为购买优衣库的服装而害羞。然后他开出日
常生活中如何节约的处方：

冰箱里的食材用完后再去买。

不与友人发生金钱借贷关系。

不致病的节约是最好的。

衣服必须是优衣库的。

爱车必须是一个月的工资价。

小学上公立就可以，私立没必要。

从银行里取零用钱最好带零钱。如取 14 000 日元，有个 4 000 的零钱，感觉就经得起花。如果 10 000 日元直接破零，一会儿就花完了。

他这么提倡节约，却在书中直言书要买不要借，原因是借来的书不能成为自己的"血肉"，花钱到手的书才是自己的"血肉"。这表明了对知识的投资不能小气、不能太节约的态度。另外他也不主张储蓄，认为那些为储蓄增加而高兴的人是"神经症的储蓄"，与活着的快乐还相去甚远。

2012 年 5 月 30 日《日本经济新闻》发表题为《有品位的节约》的书评，说这位作家自己的爱车就是二手的奔驰 C200。尽管是二手，但他在购买时还是有要求的，必须是行驶距离在 1 万千米以下的。这就是王道中的王道了。当然这也绝不是靠一个月的工资能收入囊中的。为此有读者骂他要他人节约自己却不节约。

日本人有钱。但为什么看上去没有中国人有钱？原来，有钱的日本人进入了第四消费时代。这是日本著名的社会学家三浦展在《第四消费》（朝日新闻出版）中的一个主要观点。东日本大地震颠覆的一个物质观是：物质已经被摧毁，即便恢复原状又有什么意义？下一场的大地震大海啸照样会来临。在自然的强力下，物质已经不足以让人感到幸福。于是三浦展说，在灾难中成长的日本人，又一次领先跨入了第四消费时代。

消费使人幸福的时代已经结束

第四消费的最大特点是什么呢？简言之就是：从物到人，从钱到人。消费使人幸福的时代已经结束。真正带来幸福的不是物质，而是共享与连接。为此三浦展举例说大地震后日本的年轻人对自驾车的"不关注"在加速。日本驾照持有数量从 2015 年起开始减少，与此并行的是日本国内汽车销售台数将减少 240 万辆。而中国电商节"双十一"的消费盛况恰恰就是三浦展所说的十足的第二消费时代特征——乘着经济高速发展的东风，以家庭为中心的大量消费。

当然并不是说第四消费时代就是不消费时代，而是说整个社会消费指向的转变和"富裕观"的转变。日本人也有过它的辉煌时代。1988 年，日本人均名义 GNP（国民生产总值）为 302 万 6 000 日元，终于在数据意义上追上了美国。日本国土面积只有美国的 1/25，但当时的地价总额则是美国全国的 4 倍以上（1987 年年底为 1 637 万亿日元）。当时日本人的个人储蓄合计为 580 万亿日元，超过了一年间的 GNP。法人企业的交际费，1987 年为 42 000 亿日元（一天支出 115 亿日元）。家庭的结婚费用在 800 万日元以上。当时的政治家一个晚上的晚会活动有几十亿日元的资金入账。

最终，日本用几十年时间，完成了西方工业化进程。但累得在喘息，胖得在发肿。或许花了代价，日本这才体验到初始文明的弥足珍贵。日本有学者在分析评价近代世界史和东亚史的国际关系时曾提出"近代合理主义"，现在看来近代合理主义一个最大的误区就是忘记了人的傲慢这个天生的"恶"。因为这个世界实在是处在一个理性未必就是合理、感性未必就是堕落的二重结构之中。

所以三浦展锐眼发现，日本社会的变化或许并不是偶然，它应该也是来自文明本身的步履姗姗。日本思想家山崎正和在《世界文明史的尝试》（中央公论社，2011年）中，不再将人类进步的概念与未来相连。虽然进步作为对文明破绽的修补是不可或缺的，但人类并不以进步的有无作为活着的前提。反过来，能够让我们更加充实生活的文明，才是我们有所期待的。

在中国需要200万元人民币的保时捷，在日本只需要1 200万日元（合70～80万人民币）就可以到手。但即便如此，日本的年轻人也不会购买。现在日本人时兴共享经济。有日本人开出可以随意租借名牌包的业务，每月只要支付6 800日元（约合400元人民币），就可租借到诸如LV、Chanel、Gucci等50多种名牌包。是日本人没有钱买包吗？不是。显然这是一种不为物所占、不为物所动的"寡欲"执念起作用。从这个"寡欲"执念，我们看到了富裕观在当代日本的转型。何谓富裕？当我们再度直面这个问题的时候，或许会惊讶地发现看似没钱的日本人才是体面的有钱人。

活得越来越"轻"的日本人

姜建强

当代法国著名哲学家吉勒·利波维茨基对未来人类社会思考给出的一个答案是："物品越是被微缩，就越能丰富虚拟元素的现实性。"也就是说，物品的重量越轻，所含的现实内容就越丰富。这一观点体现在他的《轻文明》一书中。

什么叫"轻文明"呢？字面上自然很容易理解。过去建造埃菲尔铁塔需要 7 000 吨铁，如今只需要 2 000 吨现代钢材就可以，重量减轻了 5 000 吨，这当然是轻。新型 A350 空客飞机在建造时 50% 以上采用了复合材料，为此重量减轻了 15 吨，这当然是轻。IBM 公司在 1981 年设计出第一台个人计算机，重量超过了 20 千克，现在，一台苹果笔记本电脑重量几乎不到 1 千克，厚度不超过 2 厘米，这当然也是轻。一个小小的塑料袋，它能承受自身 2 000 倍的重量，这当然是轻中之轻了。

这里的问题是，减去了重量，为什么还能出色地完成任务呢？关键就在于内在的"质"并不轻，它甚至比原本的重更重。这就如同利波维茨基在《轻文明》中所说，轻意味着走向本质，意味着远离被淘汰的命运。轻，与其说是视觉与装饰的美学价值观，不如说是一种总的伦理要求。

这是一种怎样的"总的伦理要求"呢？这就令人想起日本。在机遇观念上的拐点时刻，如果追问日本文明的天性是什么的话，笔者以为就是一个"轻"字。当年小泉八云说日本的贫寒就是它的力量。这里的"贫寒"换作今天的语言就是"轻"。当然韩国学者李御宁多少年前写《缩的日本文化》，这个"缩"字也是今天的"轻"字。把"轻"冠以一种文明形态，并用这种文明形态在再生型循环社会里帮助我们转型，正是我们今天所热切期望的。

显然，轻是日本人精神的原点，也是日本人所有志向中最为显要的志向。日本人善于将直观性的东西缩小并减少到最低，以简素的面貌出现"无相"的状态，反映出日本禅学的本真品德。如矮小的石桥，窄短的阶梯，寺院内的小木屋，碎石铺路，小陶泥人，能剧舞台，枯山水，盘腿正坐，二帖半的茶室。形虽小，但思考空间无限；相虽空，但观空如色。

其实早在1 000多年前，美丽的宫中女子清少纳言就在玩"轻"的游戏了。她说"懊悔的事"是写好送人的诗歌，突然想到有一两个字要订正；缝衣走线到最后，竟然忘记给线的尾巴打结了。她说"难为情的事"是母亲觉得自己的婴孩可爱，便逗他玩耍，还要将婴孩说的话讲给人家听；没有学问的人在有学问的人面前，将古今人名乱说一通。她说"遗憾的事"是宫中举行佛名会，天并不下雪却下雨。她说"高兴的事"是拾得人家撕碎抛弃了的书信来读，看见上面有连续的好文句。

我们并不陌生的《源氏物语》，写了500多个人物，写了800多首和歌，写了那么多死去的人，看上去很"重"很"沉"，但它把美丽至极的男女私情，打成无数碎片，撒落各方。满地都是凄美的苍凉，再也难以收拾与还原。到最后，只空留一行清冷的题目——云隐。一切美丽事物的毁灭都是绝美的。这里，我们看到了落日黄昏的"轻"色。我们听到了厚重木屐敲石路的"轻"声。

深入人心的"道"，一定要"重"才压得住人吗？千利休对此加以否定。在他的教化下，所谓的茶道就是烧水、点茶、喝茶。还有比这更轻的"茶道"吗？千利休在这里还原的一个理就是："轻"才是"道"的肌理与骨髓。于是"一期一会"，本质上就是无常的轻带动情绪上的一种牵扯。同理，日本的花道也继承了这个轻的心向。1542年写下对后世产生重大影响的《池坊专应口传》的，是日本插花之父池坊专应。他的教诲在于：插花的目的不是欣赏形式，而是突出花开的枝条和树木的本来姿态，由此指明通往宇宙真理之道。

看上去好沉重的"宇宙真理之道"，其理就在于：有千万枝，偏挑一二枝；有万千瓣，任选一二瓣。这去繁去艳的轻。

日本的俳句，是世界上公认的最轻最短的诗歌形式。俳句由"五七五"的十七音组合而成。法国作家罗兰·巴特说它是"最精炼的小说"。另一位诗人安德烈·贝勒沙尔说它是"传播的微光与颤栗的诗歌"。而本土思想家铃木大拙的说法是，俳句的意图，旨在唤起其他人原本直感的表象而已。由此故，俳人在本质上必然是一位禁欲主义者、素食主义者，更是沉默主义者。他们只在灵魂教化这点上，是个憧憬主义者、体验主义者，更是暗示主义者。如芭蕉的"静寂蝉声入岩石"。如一茶的"最上川，蝉声贴在天"。这是用"轻"表现"蝉声"观念之重的典型。

日本人文化生活中的一个概念"闲寂/わび"，真意是讲一种"满足"的轻。或者满足于"双脚等闲伸"的草庵，或者满足于从田园采摘沾露的鲜果，或者满足于熟透的青梅在雨夜落庭院的寂静。这当然是梭罗式的，更是良宽式的。

再看看日本人生活中的轻。听说过用纸造房子吗？在地震多发的国家，这肯定是多少人的梦。1957年出生的建筑师坂茂，多少年前就在全球率先开发出"纸木宅"，让建筑再次回归初始的人类精神意义上的庇护而不是高级豪宅的代名词。建筑指向轻，它的可爱之处就在于钢筋铁骨和水泥不再是建材的唯一。硬纸管、竹子、布匹、纸板等用于建材，这是去物质化的"轻"替代不可战胜的"重"的最好范例。在日本，四个轮子是用来当步的而不是用来炫耀身份与财富的。日本的轻型汽车规定：660cc 的排气量，车体长度必须在 3.4 米以下，宽度必须在 1.48 米以下，高度必须在 2 米以下，定员必须在 4 人及以下，载重量必须是在 350 千克以下。超出任何一个条件，都不能作为轻型车而只能作为普通车登记。现在日本每三辆车中就有一辆是"小方壳"的轻型车，追求的正是经济性和合理性。小空间中有大空间。

一般而言，汽车重量减少 10%，可使燃油经济性提高8%。于是，日本京都大学的研究人员准备花 10 年时间，用木浆制造出一种强大的材料，取代汽车的钢制零部件。这种材料可以像钢铁那样坚固，但重量可减轻 80%。还有日本人开发的"便携厕所"，也使得"随地大小便"变得可能与任性了。试问，还有什么比这更轻的厕所文明吗？

日本现在还时兴一人生活的"轻"。一人出行，一人料理，一人性爱，一人读书，一人行乐，一人消费，一人临终，死后是零葬（无葬礼，无骨灰，无墓地）。胶囊旅馆天天爆满，入宿者在 2 米 ×1 米 ×1.25 米的空间里过夜。厌恶脂肪是从日本开始的，是他们改写了"优雅离不开圆润体型"的巴尔扎克之说。Zara 和优衣库的平价时尚，是年轻男女的首选。24 小时亮着灯火的便利店和 100 日元的小超市，更是将百货店逼得年年红字凄惨无比。丢掉衣服，肠胃就会通畅；丢掉书本，脑袋就会变得清晰；减少化妆用品，皮肤才会变得光滑。真正的人生，始于丢弃之后。一本《怦然心动的人生整理魔法》，玩的就是一个"轻"字。

当然更为轻的是日本年轻人不愿再为国家牺牲，不愿再为国家上战场。因为在他们看来，没有任何的原因，哪怕是正义的原因，值得发起一场死人无数的战争。因此这也是总有半数以上日本人反对修宪的一个原因。当然修宪未必就是战争，但修宪一定是战争的先声。日本年轻人的这些做法实际上与正义无关，与仁义无关，更与善恶无关，而是一种国家观在当代的轻。正义太重，仁义太重，善恶太重，莫名地搭上一条生命则更是重之再重了。现在的年轻人怎能承受这个重？于是，这个重，便还原成一种公民义务的轻。

何谓公民义务的轻？就是不再为投票或参与公共事务而热情奔走，不再听政治家在车站前的摇旗呐喊，也不再为自己并不喜欢的政治家投上无用无果的一票。于是投票率年年创新低，一个结果就是政治家连任的可能性增大，玩政党政治的人减少。"轻"便从根源上清除了公民的义务感和追求更高社会目标的理想。日本著名的风向首级评论家大前研一，2016 年出书说日本进入了无大志时代的"低欲望社会"，爱拼才会赢已经是上一代传咏的往事。按照笔者的理解，大前的一个根本观点实际上就是讲整个日本社会都患了"轻之病"，但这不需要治疗。非但不需要治疗，最好是要"感染"更多的文明区域与更多的人来患这种"轻之病"，从而创生出一条新的"国富论"。

从趋势看，人类的造物走向了轻，人类的生活走向了轻，人类的消费走向了轻，甚至人类的思考也走向了轻。当代社会，已经不再可能复现也不需要复现亚里士多德式的、黑格尔式的、马克思式的百科全书巨匠了，甚至也不需要复现康德式的沉重的思想家。尼采的那种轻，"自由的思想是轻生活的神"的那种轻，才是今天的人们扔掉镣铐跳起舞步的真谛。于是，我们看到：村上春树的《挪威的森林》是一种生活的轻；新海诚的《你的名字》是一种青春的轻；筱山纪信镜头里的樋口可南子是一种肉体的轻；草间弥生画料中的圈点是一种思辨的轻；寿司之神小野二郎是一种舌尖上的轻；一日一花的川濑敏郎插花是一种日常的轻；整天唱着"I need you"的AKB48是虚拟恋爱的轻。当然不可忘记三宅一生的轻。他的褶皱服装，每件重量仅为9克，凭借聚酯面料上永不变形的褶皱，消除腰部和肩部僵直感的管状线条。毫无疑问，这是三宅一生将"重"内悟为"轻"的一次成功尝试。

这样来看，轻如果是未来人类社会一个指向的话，那么毫无疑问，日本就是这个未来的青叶白花。因为它的文明天性决定了它在这方面的灵气与情绪。这种灵气与情绪导致它总是把曾经最无意义、最为渺小的轻，成就为改变这个世界的首要力量。因为他们明白，自己的国家没有天然资源，那么引导这个国家繁荣昌盛的资源一定是在别处。这就是纤细、精心、缜密、简洁设计物品的智慧和对自然环境的感受性。天然资源在今天流动性的世界用钱可以买，但从文化根底发育而来的对初始文明的感觉资源是钱买不来的。日本的平面设计大师原研哉就是明白这个道理的日本人之一。

他写《白》一书，说人骨是白的，乳汁是白的，当然，精液也是白的。可以说象征生命起源与寂灭的色就是白。如果问何谓白？答曰："白就是包含了任何色的白。"这个思路就与"轻就是包含了任何重的轻"同格。翻译过《源氏物语》的丰子恺曾经说过，什么东西一入日本，就变本加厉，过分夸张，同时就带有一种浅薄和小家子气。这个"浅薄和小家子气"恐怕就是我们今天讲的"轻"吧。"轻"确实有时表现为浅薄和小家子气，但问题在于浅薄和小家子气决不能成为走向事物本质的轻。

进入拐点的人类社会，轻文明首先在日本露出端倪。它的意义在于：捷足先登的日本，又一次引领全球经济与文化运作的新模式。这就如同150多公斤的大相扑，看上去是重得可怕拙得可爱，但他们瞬间爆发的对撞与拉扯，用的则是技巧的轻观念的灵。这就如同禅在中国是智慧修行，而在日本是生活本身。

不婚不育的"独身大国"

姜建强

日本 80 后女作家高濑隼子的出道作品《如狗形状之怪物》（集英社，2020 年），获得了第 43 回"昴"文学奖。获奖作品自有过人之处。这部小说的主人公是 30 岁的间桥薰，有一天她突然得知，与自己半同居的恋人田中郁让另一个女人怀孕了。薰陷入困惑，更是在咖啡店里接获怀孕女的提案：怀孕女与田中郁也登记结婚，生出孩子后就离婚，孩子由三人共同抚养。故事在展开时提及，薰在 21 岁时做过卵巢手术，在此前就不太喜欢性行为的她，在术后更是对其敬而远之。在开始和郁也交往时，薰就明言，二人之间可能不会有性行为。郁也当时的回答是："没关系，就是喜欢你。"但边说这样的漂亮话，边花钱与大学时代的女同学发生关系而使对方怀孕。薰该怎样接受这个事实呢？

性爱样式的多样化确实是现代人的一个特点。不过这部小说的精彩之处在于借薰之口，提出了这样一个设问：爱上一个人与发生性行为，这之间真的是既普遍又顺理成章吗？薰养过狗。在她的认知里，狗是不附带条件就能爱上的对象物。人爱上狗，但狗并不要求所爱之人与它发生性行为。但爱上一个人，为什么就必须以性行为来充当爱的代价呢？薰搞不明白。小说围绕这一主题，展开情节。这里有一个背景知识，异性间发生性行为时，只有女性必须承受怀孕这个结果。这就是男女在性行为上的非对称。小说作者将这种非对称可视化，要人们倾听薰的细声细语：人啊人，为什么不能只相爱不交和呢？毫无疑问，这部小说提出了许多值得思考的话题，诸如人与人的爱、人与狗的爱、快乐的性、生殖的性、婚后弃子、非婚抚养、低欲望等。但笔者以为更为重要的是小说提出了在日本年轻人中流行的两个分离观。一个是怀孕生子后的母亲，与必然（义务）的养育相分离。也就是说，生殖是生殖，养育归养育。传统的互为一体不再有意义。另一个是男女相爱与性行为相分离。也就是说，纯爱是纯爱，性行为归性行为，这之间不存在互为因果的关系，但也不是回归柏拉图的"精神爱"。

小说是现实世界最直接最能动的反映。只爱不上床的结果，只生不养育的结果，都直接指向日本这个国家的出生率。2019 年，日本将这一年称为"国难"，这一年的出生数首次跌破 90 万大关，为 86 万 5 239 人。面对惊人的"86 万冲击"波，社会保障和人口问题研究所（简称社人研）坦承，这一数据的到来，比预测提早了4年。又据厚生劳动省人口动态统计，2020年的出生数为84万835人，比2019年减少了24 404人。按照社人研的预测，今后日本的出生数到2045年是59万1 000人，到2065年是41万6 000人。如是，日本47个都道府县，平均每个县只有9 000人出生，有的县可能只有3 000人出生，有的自治体还可能出现"生出率为零"的局面。

出生率的降低直接导致少子高龄化，而少子高龄化又使得这个国家以独身者居多。日本独身问题研究家荒川和久说，现在的日本，独身者比高龄者还多，是名副其实的"独身大国"。按照他的计算，到2040年日本独身者人数将达4 600万，占总人口的一半。独身者人数的激增表明终身未婚率的上升。如果说在1950年日本男女终身未婚率仅为1%的话，那么到了2015年男性为23%，女性则为14%。预测到2040年，这个数字将达到男性30%，女性20%。终身未婚率的上升，与其说是经济问题（如有人强调日本社会的相对贫困化，强调日本企业30年不涨工资等），还不如说是生活方式的巨变带来的观念巨变。也就是说，日本这个社会变得太好、太便利、太人性化了，即便不结婚，单身一辈子都能过上平和且安心、充实且幸福的生活。没有生存的压力和恐怖，人们倾向单身，就显得非常自然。

日本小说家村上龙短篇小说集《到处存在的场所 到处

不存在的我》中有《居酒屋》篇，提到有个词语叫"原寸大"。日本的居酒屋就是依照"原寸大"理念设定，既不会大大超乎期待，也不会令期待落空归零。在居酒屋这个场所，没有人会生出"他者"这种微妙的差别感。原来，日式居酒屋就是功能性地想要挫败你原本的雄心勃勃，就是想把日常变身为日复一日的单调，从而不断复制冷感无助，最后只剩下孤独的快乐、心外无物的"居酒屋人"。而另一位小说家村上春树的短篇集《没有女人的男人》中的《木野》篇中，那个中年男人总是坐在居酒屋吧台前最靠里的位子上，大约 30 分钟把啤酒喝完，然后喝没有特别喜好牌子的威士忌。然后看书。然后站起来。然后掏出皮夹现金结账。天天如此。村上用"闷葫芦男人"形容他。

不过，"居酒屋人"也好，"闷葫芦男人"也好，心头掠过波澜不惊的日常与孤寂，反倒让居酒屋的食客有了新的想法：有没有一个与别人无法共有的，只属于自己的期待？最近笔者在阅读诗人、导演、随笔家寺山修司的《寺山修司幸福论》。寺山在书中讲了一个工薪族的小故事：有一位小职员，在家是个好父亲。他在一家制药公司干到 55 岁退休，参加完退休送别宴会后回到了家。和往常一样脱下西装换上浴衣，坐在客厅里休息，电视里播着流行歌曲排行榜，太太给他沏茶。突然，他趴在桌上大哭起来："不是。这不对。真正的我不是这样的——不是。"显然，虚像与实像已经被迫置换了几十年，而当这位小职员真的离开公司，不再做公司里可有可无的一个摆设时，他才猛然醒悟到"真正的我"究竟是什么，不就是丢弃所有之后的一个袒露之我，一个孤独之我吗？

这样看，在一个充满不确定的时代，一种编辑得更为精致更有生命体感的"独身论"在日本深得人心。如果低质量的婚姻不如高质量的单身，那我选择高质量总是可以的吧。如果两人感情是一种经营行为，而任何的经营都需要付出时间与精力，那我不想这样付出总是可以的吧。如果村上式的想做自己喜欢事情的孤独，是一种时尚，是一种冷艳，是一种洒脱，那我也想时尚想冷艳想洒脱一把总是可以的吧。显然，这种后现代独身论并不是前现代那种今朝有酒今朝醉的简单重复。同样是为自己活着，为自己快乐着，现在流行的日式独身论显然更有张力更具温情。

日本女作家本谷有希子写有小说《异类婚姻谭》，2016年获芥川奖。她在小说里告诉人们，虽然夫妻生活那么长久，但有可能你一辈子都是和一个陌生人在一起。虽然是夫妻，但彼此的内心所想谁人知晓？她将这种现象称为"低温婚姻"。笔者以为这种低温婚姻恰恰是一人主义的后性时代的开始。本谷有希子在写这部小说的时候，刚生下长子，应该是充满婚后喜悦的。但恰恰相反，她在小说里描写了夫妻间的低温状态。看似不可思议，其实是可思议的，它连接的是日本未婚率的新高，连接的是有温度的日式独身论。

这种日式独身论最典型的体验者，笔者以为就是原《朝日新闻》编辑委员稻垣惠美子。她近年来成了日本社会的新闻人物。这位"爆炸头"（发型）姐姐之所以成为新闻人物，原因在于她在 50 岁那年，毅然辞职，离开了工作 28 年的大公司，放弃高薪和社会地位，重新以"一人"身份，思考所谓的"生活"究竟是什么、"工作"又是什么。她在《五十岁，我辞职了》一书中说：我，50 岁，无夫，无子，无业。一点也不年轻了，每天都感受到"衰老"这件事。即便如此，我还是选择了辞职。辞职以后，我不无惊讶地发现：世间好像总是充满艰辛，然而事实上又蕴含着无限温情，这就是我松开绳索后才发现的世界。

面对日益庞大的独身者数据，日本确实也表现出了一个成熟社会的样态。一人出行，一人料理，一人性爱，一人读书，一人行乐，一人消费，一人临终，死后是零葬（无葬礼 / 无骨灰 / 无墓地）。一人主义文化悄然盛行。2021 年 2 月，松下公司开发了新款机器人——NICOBO（ニコボ）。身高 20 厘米的球体状，小鼻小眼，有尾巴，重量 1.3 千克，能搭话交谈，可爱灵动。价格为 39 800 日元（合 2 300 元人民币），是谁都买得起的平民价。日本迄今为止的机器人开发，都将功能性（能代替人做事）视为重点，但这款机器人的开发者——丰桥技术科学大学的冈田美智男研究室，重视人情味，注重陪伴孤独者疗伤。这款"弱小机器人"的用户对象就是"一人社会"中没有倾听者的独身者。不过，面对一个不婚不育的独身社会，日本人之间也经常发生观念的碰撞。

如已婚已育者总是说：你们这些不生娃的独身者，将来享用孩子们支付的养老金，逍遥自在地生活，这能允许吗？有国会议员也说"不结婚的人没有生产性"。不婚不育者则总是反唇相讥：独身有什么不好的？我们是未来社会的践行者。笔者以为这个"践行者"说得好。因为加拿大的一个研究结果表明，由不结婚的叔父叔母结成的地方社区，会很好地照看下一代。如同性恋者会作为"超级大叔"存在而发挥作用，他们通常会很好地照看自己的甥侄，对近亲者会给予医疗和教育等方面的金钱援助。这就生出一个思路："一人社会"的独身者即便持续增量，如果这些独身者能给予"生产性的人"一定的援助，社会可持续性的发展就变得可能。如是这样，谁都可以满足的生与死的时代就会到来。

当然，人是趋利动物。一旦有更便利更上乘的物品摆在面前，人就会在顷刻间忘记风雅为何物，只一心尽情享用其恩泽。但日本人似乎还有点与众不同。虽也趋利，但自古便有贫寒就是力量、富足便是软弱的精神风土。所以他们有简素哲学，有侘寂美学，有草庵文学，有阴翳艺术。终于，繁荣见底的日本人还是发现了适合自己的文明利器——低欲望与独身——心满意足的情绪跳跃："夜雨草庵里，双脚等闲伸"（良宽语）。

可以想见，后疫情时代的日本，更是一个超级独身社会。或许由此故，继英国之后，日本也在不久前设立了"孤独大臣"这一职位。这就令人想起日本著名学者中野孝次在

《清贫的思想》中的一句话："必须将人的物质欲望和交往欲望克制到最低点，人的精神活动才能得到充分的自由。"或许，孤独也连接着力量？

女性的婚姻选择：从专业主妇到契约结婚

万景路

在日本古坟时代，还是以女性为主的"母系社会"。斯时，部落里实行的婚姻形式叫作"妻问婚"。所谓"妻问婚"就是丈夫和妻子白天在各自的部落里劳动、生活，各有各的生活基盘。到了晚上，丈夫才去妻子家过夜，生了孩子则由妻子的娘家人及其所在的村落来抚养成人。

丈夫只管造人不负责养孩子，这听起来貌似男人的福音，但凡事皆有利弊、男人们要在自己的部落里承担抚养他人妻儿的责任，这种"妻问婚"在现代看来还有一个更大的问题，那就是：因为夫和妻都可以和不同的人有性关系，所以就很难说清哪个男人是孩子的亲爹，"俺爹是谁"在那个时代还真就是个难题。

男权社会的到来

妻问婚的婚姻模式在公元 7 世纪后期（飞鸟时代后期）发生了变化。日本参考中国唐朝开始施行律令制度。由此，以长男为家长管理家族的"家父长制"开始逐渐多起来，尤其是随着武家的抬头以及武家对立功者及其男性后代的重用，"父系血统"从幕府时期开始受到了极大的重视。这种情况自然也慢慢扩展到了庶民阶层，重视"父系血统"之风渐渐在列岛上下普及开来，直至最终形成父系社会。

到了明治时期，"家父长制"渗透到了全国所有阶层，父系血统也得到了进一步强化，其主要原因则是明治政府颁布的《民法》中明确了"户主权"。《民法》明确规定，家督必须由正妻所生的长男来继承，也只有长男才能继承户主权，并对家族成员拥有婚姻同意权和居住指定权，而其他子女一无所有。此外，《民法》还规定了"奸通罪"（通奸罪）只适用于通奸女子和通奸男子，而不适用于"户主"，那也是出于必须明确户主的亲生子女、维护"户主权"的需要。由此也可以看出，在当时的日本社会，对父系血统之重视实已达到了顶峰。换言之，在那时已经以法律的形式对男权进行了彻底的保护。

农家妇时代

短暂的大正时代基本上延续了明治时代的婚姻模式，而接下来的第二次世界大战时期，随着日本不断侵略扩张，少年儿童以外的已婚、非婚男性大多数都成了"军用品"。日本人的婚姻实态基本上进入了由女性单独支撑的老弱病残家庭时代，婚姻只是作为一种形式而存在。直到战后1950年代，日本开始重建家园，婚姻形式才开始稍稍得以改观，不过，这时的就业者半数以上都是属于第一次产业革命（指直接利用自然资源的农林水产业等）的农林渔业者。日本人妻也基本是以"农家妇"为主，而且还是主要的农业劳动力。也正因为她们是主要农业劳动力，所以无暇顾及家务、育儿，这些工作自然而然就交给了村落里的年长者和稍大一点的孩子，也就是说，乳幼儿大多是在农村共同体的村落环境中成长。在育儿问题上，可算是又回到了古坟时代，实际上这已经近似于古代"妻问婚"的母系社会形式了。

专业主妇和"昭和妻"的形成

到了1960年代，日本的产业中心由第一产业转变为第二产业（指可以加工的矿产业、制造业、建设业等），第二次产业革命可以说是男人的主场，雇用男性成了当时的主流，已婚男子纷纷从郊外的住宅地通勤前往都市中心工作，日本的雇佣模式开始发生质的变化，随之，日本人的婚姻模式也发生了翻天覆地的变化。与男性雇佣机会大幅增加形成鲜明对比的是，女性渐渐失去了用武之地，如此，结婚成了女性最主要的生存手段，当时的已婚女性被揶揄为"永久就职者"就是明证。慢慢地就形成了在都市做"傻啦力忙"
（上班族）的丈夫和留守家中育儿、操持家务的"专业主妇"
这种家庭组合形式。

当时，日本大多数企业施行的是终身雇佣制这种稳定
的就职模式，受其影响，日本女性也习惯了婚后几十年如一
日的"专业主妇"角色，过着只负责操持家务、育儿逛街的
悠哉悠哉的生活。因这种婚姻模式发生在昭和时代，而且在
1970 年代日本的专业主妇数量达到了最高峰，所以这一时期
的专业主妇还被冠以"昭和妻"的称呼。说起来，"昭和妻"
确实是惹人羡的，因为她们经历了日本 20 世纪六七十年代
的经济腾飞时期，也享受到了泡沫经济时代给她们带来的可
以称得上是"挥霍"的豪华生活。即使泡沫经济破灭后的今
天，得益于年功序列制和经济腾飞给她们的丈夫带来的高工
资高退休金，"昭和妻"们的生活也依然是过得相当滋润的。
什么经济低迷、不景气什么的，和享受着丈夫高退休金的她
们几乎没什么关系，这又怎能不惹人羡呢？

已婚女性的"昭和妻志向"

昭和天皇在 1989 年 1 月 7 日去世后不久，日本泡沫经
济破灭，从此经济开始陷于不振，这种状况被称为"经济低
迷的三十年"。

那么，1993 年日本经济进入低成长期后的就业环境又是
什么样呢？不用说，首先就是员工的收入降低，特别是刚入

职的年轻人和时值婚龄的年轻人都面临着减薪、减少加班的现实，这也直接导致大多数在当时结婚的女性，结婚一开始就面临家庭经济的窘境。为了贴补家用及满足自己的零花钱需要，许多女性婚后选择了走出家门参加工作。

而当时恰逢日本从第二次产业革命过渡到第三次产业革命（指从事金融、保险、服务、情报等的产业）的发展时期。第三产业对于女性来说，有许多适合她们发挥女性特长的工作，因此，第三次产业革命满足了有事业心的女性的工作愿望。事实上也正是如此，在日本泡沫经济破灭短短几年后的 1997 年，日本厚生劳动省的统计数据就表明，夫妇共同工作的女性数量超过了"专业主妇"的数量。

这说明了什么问题呢？说明了大部分日本人的婚姻已经不再是男主外女主内的状态了，而是进入了夫妻共同工作、分担家务的婚姻模式。这对于有事业心的女性来说当然是一件好事，但对于受传统婚姻模式影响的女性来说，婚姻对于她们在某种意义上已经失去了应有的魅力，尤其是当她们看到那些如今已是中老年的"昭和妻"们悠哉悠哉的如意生活，更是心向往之。而她们所面临的却是既要工作，又要做家务、育儿、照顾老人等等，这一切已使得她们身心疲惫、不胜其烦。统计数据就表明，现在 20～30 岁的女性对"昭和妻"的向往远远高于 30～50 岁的女性。这也是现在越来越多未婚、已婚女性开始抱有"昭和妻志向"，"昭和妻"话题也越来越成为传媒、社会关注焦点的原因。

越来越多的女性走向不婚

那么，经历了近三十年低迷洗礼的日本适龄年轻女性，她们除去"昭和妻志向"外，对于婚姻还有什么其他的想法和选择吗？答案当然是有的。

首先是不愿结婚的人越来越多，根据日本内阁府《2018年版少子化社会对策白皮书》的一项调查显示，目前年龄在30～34 岁的男性有 47.1%、女性有 34.6% 未婚。也就是说，基本上男性每 2 人中就有 1 人未婚，女性每 3 人中就有 1 人未婚。这是指 30～34 岁的日本人的未婚率。而 35～39 岁年龄组的男性未婚率则为 35.0%（3 人中有 1 人未婚），女性为 23.9%（4 人中有 1 人未婚），这个比例虽然比 30～34 岁组的人的未婚率稍低了一点，但无论从哪个年龄组来看，日本男女的不婚率都是越来越高。男性不婚率增多的原因不在本文的讨论范围之内，略过不提。

女性不愿结婚的原因又是什么呢？一是事业型的女性不愿结婚，因为只要选择了结婚，对于传统女性来说，也就意味着她们辛辛苦苦打拼下来的事业将告结束，从此回归家庭相夫教子，在锅碗瓢盆交响曲中生活。哪怕是非传统女性，根据日本公司的旧习，只要女性职员结了婚，那自然就要面临着生育、休假等，这将给公司工作带来不便，因此，女性员工如果选择了结婚，就意味着不会再得到公司的重用，而这些，对于职业女性来说，都是她们所无法接受的，所以选择不结婚的人就增多了。

二是当代日本女性对婚姻本身持否定态度的人也越来越多，她们认为女人并不一定就非得结婚不可，一个人工作、生活，和闺蜜吃饭逛街，无拘无束，尤其是无须承担家务、生儿育女等家庭责任等，这些对她们来说，魅力远大于结婚，至于性问题，需要的时候解决一下就可以了。这可以说已经完全颠覆了传统的婚姻观，也因此间接导致近些年来日本的少子化问题日趋严重，日本年轻女性不愿结婚也成为令政府头疼的大事之一。

另类的当代婚姻模式

上面是对当代日本女性不愿结婚之原因的探讨。那么，在愿意结婚的当代女性中又有哪些现象值得关注呢？首先，她们的婚姻观与过去有了很大的变化，比如受父母和自己的婚姻观影响，她们对婚姻对象的要求改变了，有些女性受父母的传统观念影响，还坚持过去对婚姻对象的"三高"（高学历、高收入、高身材）要求。即使新时代女性不坚持老的"三高"了，她们也琢磨出了新的要求，比如男性要有稳定收入、要有住房等等，而这些恰恰是现在的日本年轻男性在现实就业环境里难以做到的事情，因此，坚持这些要求的女性就只能慢慢沦为"剩女"。

其次，选择同居而不结婚的人也在不断增多，这样的好处是既可以不承担作为专业主妇的责任，又解决了生理问题，当然，这些女性中最后和同居男友走向婚姻殿堂的也不在少数。有趣的是，现实的当代日本女性还通过这种"事实婚"模式，渐渐培养出了"事实婚"的"契约精神"，即同居双方采取亲兄弟明算账的方式，在同居前谈好双方各自需承担的家庭责任、费用以及分手时如何分割财产等。通过这些，一些前卫的女性还摸索出了"契约婚"的新方法，这也就是笔者下面想谈谈的"契约结婚"问题。

何为"契约结婚"呢？说起来这种婚姻模式的始作俑者还是讲谈社出版的连载漫画《逃避虽可耻但有用》。2016 年 TBS 电视台把它拍成电视剧后，该剧一下子火了，而火起来的主要原因之一就是，剧中把婚姻作为一种"工作"的"契约结婚"这种全新的婚姻模式引起了人们的兴趣。

"契约结婚"就是在不入户籍的"事实婚"基础上，作为雇主的丈夫需支付给被雇用者妻子洗衣做饭等打理家务的工资，而夫妻的关系则为家庭的"共同最高经营者"。作者海野纲弥在接受采访谈到创作动机时说道：把结婚作为工作来考虑比作为恋爱来考虑应该会更经得起考验。之所以这样说，是因为如果作为恋爱，在各方面就会对对方产生期待感，那么，不知不觉间，慢慢就会陷入社会伦理、家庭责任之中，如此，即使对方不说，也会有许多不得不做的事情发生，当然因此也会产生各种各样令人不快的问题，甚至发生口角影响到双方的关系。而把结婚作为工作来考虑，则是一种商务行为，只需按契约做事就可以了，这样，一切就都简单多了。

连续剧放映后，在掀起热论的同时，也出现了许多对这种婚姻模式持反对意见的声音，但无论怎样，这种婚姻模式出现并赢得了无数赞誉这件事本身，已经揭示出当代日本女性对婚姻的考量又有了一种全新的选择。同时，也提示人们思考，未来人类的婚姻模式到底是怎样的才更为合理。

女孩，你想活出怎样的人生？

库　索

　　遇到女权相关的话题，日本人总是跑去问上野千鹤子。2021年2月，原东京奥组委主席森喜朗因发表歧视女性言论引咎辞职，职位由桥本圣子接任。上野分析说，森和桥本在政界自称是"父亲和女儿"的关系，现在的状况就像是：父亲惹出来的麻烦，由女儿来收拾残局。3月，东京奥运会开幕式总监佐佐木宏提出让女艺人渡边直美扮演猪，侮辱性的言论引发社会争议，上野又对媒体道：想必大家还记得2017年女演员坛蜜受邀拍摄的宫城县观光视频，因带有性暗示的镜头遭到了公众批判，然而广告业界的"男性社会"不改旧态，依然放任这种歧视女性的价值观，才会发生今天这样的事情。

　　上野千鹤子如今作为东京大学名誉教授，研究女性学超过 40 年。1948 年出生的她，除了积极接受采访之外，也出版了诸如《厌女》《关于女权主义》《一个人的老后》之类的各种女性学研究著作。2021 年 1 月，她又出版了一本新书：《女孩，你想活出怎样的人生？》。这本书的副标题为"上野先生，请教教我"，是她首次将视角对准了十几岁的年轻女孩，向她们传达自己作为一个女性在男性社会中的人生经验。

据上野千鹤子自己所说，之所以写这本书，是因为日本作家吉野源三郎 1937 年出版的《你想活出怎样的人生？》最近又被改编成漫画，对这本畅销超过 80 年的名作，她在感动的同时却有些难以释然：书中完全是男孩的视角，女孩应该活出怎样的人生呢？因此有了这本以问答形式呈现的书。书中设计了与生活息息相关的 44 个性别问题，从学校到家庭、未来的方向、恋爱、结婚、性关系，再到社会和政治，都做出了详尽解答。虽然是写给年轻女孩的书，但其中涉及了上野的各种人生论、社会论、思想与社会知识，对于十几岁的女孩来说也许是科普读物，对于那些已有一定人生阅历的女性来说，也能够更加深化对男女平等的理解。

例如她探讨独立女性和家庭主妇之间的争议。提问者说："母亲有过一次离婚的经历，从我小时候起就一直在说：女性一定要经济自立。我已经听烦了。我就想和 J 联盟的选手或者 IT 企业的有钱人结婚，成为名流的主妇，不可以吗？"

"灰姑娘的梦想，只有女孩子才能乘上的南瓜车，真不错呢！"上野回答说，"但是，乘上南瓜车需要的诸多条件你已经拥有了吗？首先，J联盟的选手和IT企业的有钱人对自己拥有非凡自信，这样的男性所追求的妻子，是能够支持自己的配角。和这样的男性结婚，就要拥有你的一生将成为配角而不是主角的心理准备。再者，这样的男性因为太忙，没有时间谈恋爱，会直截了当通过外貌对女性进行判断。和金钱与名誉一样，妻子也要能够达到向他人炫耀的效果，最简单的就是拥有让他人羡慕的美貌和身材。这就是为什么J联盟的选手和IT企业的有钱人的妻子，很多都是空姐、模特，或者女主播。J联盟的选手和IT企业的有钱人更不会有时间照顾家庭，他们需要能够完美承担家务、育儿等工作并且没有一句怨言的妻子。拥有美貌和身材、不断精进自己、有像是空姐或模特这样可以向人炫耀的职业、对家务和育儿能够完美胜任并且没有怨言、热心于丈夫的健康管理、具备临场发挥的语言能力和社交能力……然后还甘心一生当配角，这样的准备，你有了吗？不行的话还是早点儿放弃比较好。"

上野不是要扑灭女孩子们不切实际的梦想，她像个长辈一样对她们循循善诱，"结婚不是升级，也不是终点。童话故事里说灰姑娘和王子从此过上了幸福的生活，但从此之后的人生更加漫长。即便结了婚，也会有'不行了，失败了！'的时候。你的母亲就是结婚失败了然后逃离的女性，但也有明知失败却不能逃离的女性，比如那些在水深火热中的妻子们，备受家庭暴力折磨的妻子们。你母亲说的话是正确的。经历了远比你更长的人生、从自己的失败中学习到人生经验的母亲，她所说的话，无论你听得多么腻烦，都是真理。你的年龄，正好是对母亲的反抗期，我懂你的心情。但是，选择与自己合适的对象，构建从内心感到舒畅的家庭，不是好得多吗？不是成为哪个主角的配角，而是都成为主角互相支持，这样的人生难道不好吗？人生伴随着选择，选择伴随着失败。失败的时候能够重新来过是最重要的，这样的时候，最低的条件，就是你的母亲所说的'经济独立'。"

新世代的年轻日本女孩，和她们的父母所处的时代不同，女性和男性的工作环境发生了巨大的变化。上一代女性之间蔚为风潮的"找个好公司入职，在职场上找到好老公，退职结婚，成为家庭主妇"的人生路线，未来实现的难度越来越大。进入 2000 年之后，一个人工作便养得起全家的男性锐减，日本社会中"由男性上班族和无业的妻子构成的家庭"开始逐渐被"夫妇二人都是上班族的家庭"取代，两者的数量差距也在逐年扩大，如今，前者的数量仅有后者的一半。一项社会调查显示：女性作为家庭主妇也能轻松维持家庭开支的条件是，丈夫的年收入达到 600 万日元（约合人民币 36 万）以上。而另一个求职网站的数据则显示：2019年能够达到这个收入水平的，20～30 岁的男性仅为 3.3%，30～40 岁的男性也只有 17%。至于日本社会的平均年收入，二十几岁的男性约为 367 万日元，女性约为 319 万日元，两者加起来刚好超过 600 万日元，能够维持家庭生活。"在跃跃欲试的十几岁，没有必要限制自己，你的母亲的时代没有的选择，在你面前有很多。"上野说，不光是对未来的丈夫和家庭生活，对未来的企业和社会，新一代人也应该有更多期待。

又有一个问题，问到女性和学历之间的关系。提问者说，姐姐正在复读，一心想要考进东京大学，被祖母指责说"已经嫁不出去了"。这样的情况若是换成男孩就会被接受。为什么女孩就不能以东大为目标，就不能复读呢？

东京大学开始接收女学生是在战后的 1945 年。战前的旧制中学和旧制大学都是男校，女孩只能去女子高等学校，然后升学到女子师范学校。东大的第一个女教授直到 1970 年才出现（上野是东京大学文学部创立以来的第二位女教授），并且创校以来从未有过女校长。无论女学生的比例还是女教职的地位，和世界其他发达国家的高等学府相比，东大都是远远落后的。2019 年，上野千鹤子在东京大学入学仪式上发表的著名演讲中也提及了这一点：日本四年制大学的升学率，女性约为 50.1%，但东京大学的女学生比例一直没有超过 2%。"事实上，东大的老师也为此很头疼，东大的考试没有任何不公平。是因为女生成绩不好吗？也不是。是因为每年报考东大的女生就只有这个比例。"上野说，"原因就是这样的社会观点：女孩当然是上大学比较好，但对顶尖的东京大学最好避而远之，因为会嫁不出去。"不只是家里的长辈，就连一些高中指导志愿的老师也会说，女生嘛，不必强求。有些女孩想报考理科，会被指导老师说，女孩不行的哦，你看，日本的诺贝尔获奖者全都是男性。"虽然日本没有，但世界上其他国家却到处都是，居里夫人就拿了两次诺贝尔奖。为什么日本的诺贝尔奖获奖者全是男性？就是因为有像这些祖母和老师这样的人，不断地挫败女孩的信心。"在上野身处的日本学术界，男性也拥有压倒性的优势，但这并不意味着他们的大脑更擅长从事此项工作，而是男性研究者更容易得到工作，他们拥有不用顾及家务和育儿、可以专心埋头于研究的环境，也不缺乏发表成果的机会。

"时代在变化，女性也会有越来越多的机会，这样的可能性，不要被他人的一句话就否定了。"上野过去是东京大学"男女共同参画室"负责人，她曾经惊讶地发现，东大到现在还存在着不让本校女生参加，只让其他学校女生参加的男子社团。这种半个世纪前的过时产物，竟然延续到了今天？她对他们发出了警告。据她观察，受东大男子社团欢迎的女生，多是来自东京女子大学和圣心女子大学之类，也即是说，东大男认为，女性应该在世间的判断标准中处于上位，但又不能凌驾于"我"之上。为什么男性会对女性的优秀感到困扰？回答也很简单，这样会令他们丧失优越感。"不被这样的男性选中才是开心的事情，如果和他们结婚，就要一辈子小心翼翼维护他们的自尊心。"上野最后道：放心吧，东大女的结婚率很高的，现在不是谁嫁给谁的时代了，两个人互相选择然后构建新的家庭，才称为"结婚"。

这些年成为日本社会争议焦点的"夫妇别姓"问题，也让年轻的女孩感到困惑。日本是仍然保持"妻随夫姓"传统的国家，但少有人知道，日本的法律里其实只规定了"夫妇同氏"的原则，也就是说，夫妻二人无论是选择夫姓还是妻姓都可以，拿不定主意的时候扔硬币决定也可以。因此，2015 年日本最高裁判所的判决称："夫妇同氏"并没有违背法律中的男女平等原则。然而现实是怎样呢？日本的夫妇中有九成是妻随夫姓。根据《朝日新闻》在 2018 年的调查，日本民众支持夫妇别姓的人数达到 69%，但至今实施的仍是强制的同姓制度。日本女权人士对于姓氏权的争取其实相当温和，并不是要求彻底废除同姓制，而只是希望增加一个选项：可以选择同姓，也可以选择不同姓。但据上野千鹤子透露的八卦，在日本国会议员中存在强烈的夫妇别姓反对派，理由是：在同一个家族中，如果姓氏不统一，就会失去家庭的一体感。这样的观点未免像是强辩，现实是，既有姓氏一样、内部仍然七零八散的家庭，也有姓氏不同但是相处融洽的家庭。

书中还提到关于"女性特权"和"逆向歧视"的问题。网络上也经常可以看到这样的讨论：搭乘电车通勤，女性专用车厢是对男性的"逆向歧视"吗？男性在满员电车中苦不堪言，女性却有专用的车厢，女性因此得到了特权？"没有这样的事情哦，我乘车的时候，在首都圈的高峰时期，女性专用车厢也是满员的。"上野说，"原本女性专用车厢是为什么出现的？请考虑一下。造成这一结果的正是男性。男性在高峰时期的电车里做出痴汉行为，女性为了自卫，才有了设置女性专用车辆的必要。这种事情不应该迁怒于女性，要怪就怪那些痴汉男性吧，是因为他们做出了不光彩的事情，才让同为男性的你们受到了牵连。还有，在电车中看见了痴汉行为的时候，听见女性控诉痴汉的时候，不要假装没有看见、没有听见。男性的敌人是男性。纵容痴汉，会拉低对全体男性的评价。"

根据 2020 年世界经济论坛发布的《全球性别差距报告》，在 153 个国家中，日本排名从前一年的第 110 位降至第 121 位。这个榜单显示，日本在教育和健康领域得分较高，但在男女薪酬差距和管理层职位等方面则落后不少，排名最低的是政治领域，位于第 144 位，众议院女议员的比率仅为 10.1%。GDP 世界第三的日本，虽然是一个富裕的国家，但还远远谈不上男女平等。

日本政府这些年来也高举"推进女性活跃"大旗，在 2003 年就提出了"202030"数字，即，到 2020 年，在社会的所有领域，占据领导地位的女性比率要达到 30%。听到这个数字的时候，上野的第一反应是：为什么不是"202050"？女性占据人口的一半啊。30% 什么的，太宽松了。但即便是 30%，对于日本社会来说也是困难重重，到了 2020 年，眼看实现无望，政府又宣布将这一目标延长十年。

这个数字是日本政府"男女共同参划"政策的一部分。在外国人听来，这个词有些不明所以，它翻译成英文是什么呢？日本内阁府男女共同参划局的官方英文翻译是 Gender Equality Bureau Cabinet Office，这就好理解了，Gender Equality，直译为日语，是"男女平等"的意思。绕了那么大一个圈子，直接用"男女平等"不就好了吗？上野又透露了一个小八卦：听说当时政权内部的男人们讨厌"男女平等"这个词，为了迎合官僚的心思，便发明了"男女共同参划"这一行政用语。但上野本人十分讨厌这个词，觉得它听起来仍带着"男人做男人该做的事，女人做女人该做的事"的意味。

有人问她，女权主义者是一群什么样的人？她也是从这个角度来回答的：女性有很多种，女权主义也有很多种。我并不知道别人的事情，我自己的考虑是，不被"像女人一样""像男人一样"所束缚，自由地活着，这样想的人都是女权主义者。女性之中也有觉得女权主义很可怕的人，说"不希望与男性为敌"，但女权主义并不是要把男性当敌人，实际也有作为个体还不错的男人，女权主义的敌人是制造了歧视女性主义系统的男性集团。

"在这个社会，女性和男性的生活方式如此不同，无论你如何不想被性别束缚，社会都会用性别束缚你。生活在其中，就不能假装没看见。要到达谁都不被性别束缚的时代，会花非常多的时间，我在有生之年似乎是看不见了，在你们活着的时间里也许也很难。为了有朝一日能够听到人们说'居然也有女性被歧视那样的年代啊'，女性主义研究也好，性别研究也好，都将不会结束。"这是上野最后写的话。

这本书出版后，上野还在网上和读中学的女孩们举行了网上读书会，有很多年轻的女孩说："我一直觉得女权主义很恐怖，直到听了上野先生的演讲，才知道不是这样。"上野又告诉她们那个她一直在对大众强调的观点："追求男女平等，并不是女性一定要成为男性一样的强者，并不是像男性那样成为支配者，在权力斗争中获胜，暴力地将自己的观点强加于人。在这个由男性打造出来的社会中，有许多女性深感困扰，她们一点儿也不向往那样的战争和杀戮游戏。愚蠢的事情，无论是男性来做还是女性来做，都是愚蠢的事情，根本没有必要去模仿男性集团的愚蠢游戏。追求男女平等，要追求的只不过是一个让弱者也能安心、安全生活的社会。"在东京大学的入学仪式上，她也说过类似的话，男女平权主义绝不是让女性也如同男性一样行动、让弱者变成强者的思想。男女平权主义追求的是弱者就是弱者，但依然得到尊重的思想。

就算是转世，我也想做小说家，并且是女的

库　索

瀬户内寂听去世前两年，作家井上荒野出版了小说《在那里的鬼》，寂听亲自写了推荐语："我和作者父亲井上光晴开始婚外恋时，作者才 5 岁。对于 5 岁女儿未来会成为小说家这件事深信不疑的父亲的亡灵，应该比任何人都为这本小说的诞生感到喜悦吧。"四十多年前，瀬户内寂听和同是作家的井上光晴之间一段长达 7 年的婚外恋情，成为日本文坛的有名事，井上光晴的女儿井上荒野在他去世 16 年后获得了直木奖，作为小说家得到了肯定，又过了 10 年，母亲也去世后，57 岁的井上荒野写下了这部以父亲光晴、母亲郁子和父亲的情人寂听为原型的爱情小说。

2019 年，这本书刚出版时，井上荒野对媒体谈及创作经过，说最初是编辑提议"要不要写写父母和寂听之间的事？"

她念及寂听还活着，心中感到害怕，便推说写不出来，后来某次和作家江国香织及角田光代一同前往京都寂庵拜访，和寂听长聊过父亲的事情之后，心情一转，想："我不写不行，得趁她身体还好的时候让她读到。"动笔之前当然征询过当事人意见，寂听一点儿不介意，说你想写就写，想怎么写就怎么写，并且把那段过去细致讲述给她听。寂听不仅在活着的时候读到了这部小说，还和荒野做过好几次对谈，荒野问她喜欢父亲什么，出家多年的她一贯坦荡，道："爱上一个人好比被雷击中，没什么理由，也没有办法。"有趣的是，荒野在和寂听的交往中，竟与她产生了心灵上的共情，确定"这个人是真心爱着我的父亲的"，反倒是自己的母亲在世时并未与她细聊过父亲的过往，因此不能理解"她是抱着一种怎样的心情始终留在父亲身边的"。又过了两年，2021年11月9日，寂听因为心脏衰竭在京都市内的医院去世，她一直活到了99岁。

寂听去世后，荒野给《周刊朝日》写了一篇动情的悼文，回忆自己在37岁那年因为杂志的工作前往京都采访寂听，被寂听"命令"退掉早早预订好的酒店，住进了寂庵，当晚，寂听先招待她到市内有名的牛肉老铺三岛亭吃了寿喜烧，然后又把她带去了祇园的酒吧，同行还有另一位在寂庵遇到的女编辑，她在途中先行离开。寂听悄悄对荒野说："那位是小田仁二郎的女儿哟。"井上荒野说自己"吃了一惊"，猜测寂听是不是也在这一天的什么时候偷偷对那位编辑说："那位是井上光晴的女儿哟。"她心想：对方是不是也吃了一惊，和自己一样发出"诶？！"的声音？

小田仁二郎又是谁呢？ 1962 年，40 岁的寂听出版了一部自传体小说《夏日终焉》，这也是她的创作生涯中得到评价最高的一部作品，小说的女主角夹在一位已婚作家和一位年轻的男性旧情人之间，陷入了混乱的"四角"关系。那时的濑户内寂听，名字还叫作"濑户内晴美"，还没有和井上光晴相遇，书中化名为"小杉慎吾"的男作家的原型是被称为日本"战后文学旗手"的小田仁二郎。小田对寂听的创作生涯影响极大，她后来对外自称是"小田唯一的弟子"，说他是自己"小说的老师"，甚至"如果没有和小田仁二郎的相遇，就没有作家濑户内晴美的诞生"。寂听和小田之间持续了 8 年的半同居关系，都被她写进了这部小说里。小说中出现的另一位年轻男性也确有原型，是那位更早之前和寂听一起私奔的、丈夫教过的学生。

寂听丰富的情感经历被人们津津乐道，在与情人们诀别又在他们相继去世几十年之后，她和他们的女儿还保持着友好的工作关系，甚至作为女性的榜样被她们崇敬。井上荒野在那篇追悼文里坦白了心境："去见寂听，心情就像是去旅行。并没有实际去过那个地方，但在想象中是前往非洲大草原或是沙漠或是阿拉斯加那样的旅行，途中充满了兴奋和紧张，还带着一丝害怕。经历了这段旅行，就会知道自己作为人类的渺小，对世界和人生的看法多么天真，意志消沉地归来。由于作为比较的参照物实在太大，甚至不会产生'那么，我也努力吧'之类踌躇满志的心情，在旅行结束后很长一段时间，都带着一种莫名愤愤不平的心情。但是，这段旅行的回忆，会一直残留在自己的身体中，偶尔拿出来抚摸一下。"荒野在四十岁时结婚，出版社为她举办了庆祝会，发表祝贺感言的是寂听："女作家遇到不幸才能写出好的小说。不过，祝贺你！"在场人员纷纷苦笑，这确实是属于寂听风格的"祝辞"。

寂听还活着的时候，最被关注的就是她这些传奇的情感故事，那些故事似乎具备了堪比小说的跌宕起伏：私奔、出轨、抛夫弃子、文坛出道……过了五十岁突然画风一转，剃发出家做了尼姑，但做了尼姑也不消停，照样吃肉喝酒，毫无出家人的自觉。这样传奇的一个人，还活得够长，度过了几乎一个世纪，见证了日本从大正到令和的四个时代，因此等到她死去，人们关注的焦点还是这些——《产经新闻》当天的新闻标题是"濑户内寂听去世，为爱而生的波澜一生"，《周刊女性PRIME》更甚，指出了几个关键词："爱着'酒、肉、帅哥'的波澜万丈的一生"。

她身上确实拥有日本女性鲜有的热烈与主动，随心所欲，没有禁区，活出了此前没有样本的人生。在两段漫长的婚外恋情之前，寂听其实早早地有过一段婚姻：20岁在东京女子大学读书，通过相亲和一位年长自己9岁的中国音乐研究者结了婚。婚后两人前往北京生活，在那里生下一个女儿。战争结束后回到日本的故乡德岛，后因丈夫的工作搬到东京。这段婚姻只持续了 5 年，寂听在 25 岁那年，扔下女儿，和丈夫的一位比自己小 4 岁的男学生私奔到京都。正式离婚后，她立志成为小说家，又回到了东京。寂听和那位男学生没多久便分了手，但小说一直在写。

1957 年，35 岁的寂听在《新潮》杂志上发表了处女作《花芯》，被视为文坛出道的标志。这部描写已婚女性婚外恋情的小说，文字中充斥着在那个年代显得刺目的爱欲描写，加之女性作者的身份，令她在以男性为主导的日本文坛遭受了铺天盖地的谴责。有人指责她在小说中使用了过多不必要的"子宫"字样，给她贴上了一张带着歧视的标签：子宫作家。寂听当时年轻气盛，对来采访的媒体反击道："这些人都是阳痿，妻子是性冷淡吧！"之后遭到了更严重的攻击。此后长达 5 年，"濑户内晴美"在日本文坛消失了踪影，没有文学杂志愿意刊登她的作品，晚年她回忆起这段时光，说靠给一些大众杂志写恋爱小说为生。在那段日子里，寂听收到了许多匿名来信，内容大约是"和男人睡觉时写出来的""一边自慰一边写作小说"之类，强烈的恶意令她意识到：女性作家写作性爱题材，人们就会带着"这是她本人的自身体验"的眼光来打量她（实际上这部小说的原型另有其人），觉得她一定是一个自甘堕落的淫乱的女人。或许也正是因为这部作品的遭遇，坚定了寂听一生以女性身份与世间偏见斗争的信念，这一信念在此后的 60 年里不断支撑着她的创作。某种程度上，她的反击是有效果的，2000 年，寂听在接受《日刊体育》采访时说，"我从未以'性'为主题写作过，一直以来写的都是'人类'，性作为人类的特性之一，正如子宫和肠胃作为器官一样（是与生俱来的）"，她在那时告诉记者："那些把我叫作'子宫作家'的批评家，后来道歉了哟！"

寂听在文坛得到立足之地，靠的是她在沉寂 5 年后创作的自传小说《夏日终焉》。这部作品先是在《新潮》杂志上连载，后来又获得日本的"女流文学奖"。此后寂听渐渐成为畅销作家，拼命写作，每年出版好几部小说，卖得也不错，得到了出版界的重视。就在作家之路一路畅通时，她又做出了一个惊天举动——1973 年 11 月，51 岁的濑户内晴美在岩手县中尊寺剃发出家，改名为濑户内寂听。5 天后，她亲自给《每日新闻》写了一篇出家手记，称自己此举是"念愿成就"。关于晴美成为寂听的理由，坊间充满了猜测，她在采访中也抽象地说过一些，例如为了创作小说，有必要抛弃一些东西，但并未谈及更具体的契机。有人猜测这件事里充满了博人眼球的噱头，有人猜测她是为爱所伤（寂听与光晴的关系确实一直持续到她出家，她后来回忆，出家那天，荒野的母亲郁子还去跟她送别了），但寂听一直觉得，无论媒体还是世人，都没有理解她在出家这件事上真正的心境变化。

2012 年，寂听 90 岁了，《朝日新闻》又去采访她，她才说了一段完整的话——出家之前，我始终抱有一个疑问：或许人类的爱根本不能令人变得幸福吧？人类的爱看起来无偿，伪装成无私，其实不过是一种自我的爱的满足罢了。亲子之爱、夫妇之爱、友人和恋人之爱……无论哪一种，都装成是献给对方无偿的爱的样子，然而一旦损害到了自己的欲望，就会突然转变成憎恶。但是，就是这种愚蠢也包含在其中，人类是多么可怜啊——带着这样的思考，多年来我一直在阅读佛教书籍。唯一能够对我的人生进行审判的，只有年幼时被我抛弃的女儿。这个女儿也在我出家之前，时隔二十多年再见面了。

寂听的人生宣言一直是"年轻的时候，尽情按照想活的方式活，尽情做想做的事，我是这么过来的，没有任何后悔"，唯有在晚年提及女儿时，才充满了内疚和悔恨，承认是自己做的一件错事。好在双方都是想得开的人，和女儿重逢这件事，没能阻止寂听出家，年幼时被抛弃的女儿，也没有承担起为寂听送终这一重任——在寂听死去时，陪在她身边的是寂庵的工作人员。到去世时，寂听已经出家48年，人生将近一半是在寺院里度过的。不过她的出家，与人们想象中的佛门生活不太一样，她并没有一心向佛念经、从此不问世事，反倒是借由出家人这一身份，参加了更多的社会活动，给予了世间最大的关怀。在年轻时，寂听把全部热情奉献给了对男人的爱情，而当她想通了"爱为何物"后，在后半生依然熊熊燃烧着强烈的热情，把自己奉献给了广泛意义的人类和小说的创作，比前半生那些不受道德规束的情感纠纷精彩得多。

出家第二年，寂听在京都嵯峨野开创了道场"寂庵"，自称"庵主"，平日生活起居和写经修行都在此地。1985 年，寂听开始在寂庵举办法话会，在每个月第三个周日面向众人说法，一直到因为新冠疫情中止，这个活动持续了 30 多年。"年过 50 岁才进入佛门的我，不擅长念经，但演讲是可以的"，寂听在与作家盐野七生的对谈中，回忆了她开始这一活动的原因。寂听对自我的认知十分准确，我后来读到一些参加法话会的人们的回忆文，说她的法话"充满了幽默、含蓄与睿智"。寂听的演讲，鲜少涉及政治和佛学领域的高深话题，大多从自身过往经历和生死观说起，偶尔夹杂一些反战与和平思想，但核心还是人们在日常生活中的烦恼，这是由法话会的参加者所决定的，他们之间既有怀抱婴儿的妇女，也有年过 90 岁的高龄老人，寂听心想："要让来的人都能不费劲地听懂我说的道理。"寂听法话会的魅力，还在于她会在现场直接倾听和回答人们的提问，有些人因为亲人去世无法走出悲伤，有些人在恋爱中遭遇背叛一蹶不振，有些人因育儿和照护父母疲惫不堪，有些人被金钱所困，有些人恐惧死亡……这类在生存中感到艰辛的人的琐碎烦恼，寂听真的倾听了很多很多，她就像是一个在寺院里解答病人咨询的心理医生。尽管寂听回答问题的角度多为自身世界观，但一定是很有疗效的——在她去世之前，法话会已经受欢迎到了每场都必须抽签的程度，每次定员 150 人，但都会有超过 1 500 人报名，入选比例几乎为 1∶10。

开始寂庵法话会的两年后，1987 年，寂听成为岩手县天台寺的第 73 代住持。这间位于东北地区的偏僻寺院拥有超过千年历史，由奈良时代游历日本全国的行基和尚开创，但近代景况不佳，据说在 1950 年代还曾经历将寺内全部杉树砍伐卖钱的窘境。日本的小寺院多属于私人，在现代社会中背负着沉重的经营压力，这也是半路出家的寂听能够担任住持的原因，人们希望借助她的名气让寺院得以复兴。从那一年起，寂听也在天台寺举办名为"青空说法"的法话会，人们果然从全国各地蜂拥而至，第一次就来了上千人，此后经过媒体报道，人越来越多，渐渐地发展成上万人挤在狭窄的寺院里的盛况。最热闹的时候，光是大巴就停了 150 辆，参加者中不乏外国人的脸孔——在天台寺所处的二户市净法寺町，居住人口只有 5 000 人，寺院当然是死而复生了。寂听在 2005 年从住持位上退下，之后作为名誉住持，仍然每年两三次前往天台寺举办法话会，一直到 2018 年才因为体力不支而终止。

2010 年秋天，88 岁的寂听患上脊椎压迫性骨折，医生命令她停止一切工作，修养半年，事实上，剧烈的疼痛令她根本无法站立，只能终日躺在床上。郁郁地在床上躺了五个月，正当寂听的心情渐渐好起来，心想"再过一个月就可以站起来了"的时候，日本东北地区发生了东日本大地震，引发了巨大海啸和福岛核电站事故，看到电视上滚动播放的受灾地的恐怖景象，寂听条件反射般地从床上跳了下来，"发生了这样凄惨的事情，无法再安心躺在床上"。她提前一个月站了起来，但到了6月，她的身体才恢复到能够长时间乘坐飞机和火车。她第一时间前往天台寺举办了一场青空说法，现场聚集了超过4 000位受灾者，次日她乘车访问岩手县各处受灾地，在简陋的避难所里倾听人们的话，鼓励他们继续活下去，对孩子们喊着"不要失去希望"，又给各地捐了不少钱。寂听还亲自给受灾的人按摩，据她在当时的报纸专栏中所写，自己年轻时在故乡的女校读书时，学校安排了按摩的实习，需要取得资格证才能毕业，她是200位毕业生中成绩最好的一位，甚至"比起写小说，更擅长按摩"。寂听在那篇专栏里写道："我只能做这一点点的事，只是倾听他们经历的痛苦和辛劳，和他们一起哭泣而已。即便是这样，在不断做着这些事的过程中，也有人对我说：我都已经放弃了，现在又重获了继续活下去的力量，谢谢你。"在灾难现场看到的悲惨景象不曾从寂听心中消失，此后10年里，她不断在各种场合进行关于反战和反核的演讲，2011年德岛县鸣门市的一次演讲中的一句话能够总结她的理念："战争是人祸，是人为的产物，核电也是如此……给孩子们留下一个更加安全的世界，是我们这些前人的义务。"

寂听非常关心孩子们的生存状况。2019年，她在寂庵举办了一场"面向十几岁孩子们的法话会"，参加者都是十几岁的未成年人，现场各种他们关心和烦恼的问题，以及寂听的回答，后来经过编辑，收录进讲谈社出版的《97 岁的烦恼对谈》一书中。在此之前，2016 年，寂听还和前厚生劳动省的女局长村木厚子、女律师大谷恭子一起，牵头举办了一个名为"若草计划"的活动，这也是她在晚年投入了非常大热情的事情——为那些遭遇贫困、欺凌、虐待和性暴力并因之苦恼的年轻女孩提供各种援助。这个计划起初只是举办讨论会和研修会，随着需求越来越多，又开始了由专家主导的在社交软件上的即时咨询，到了 2018 年，发展到了给无家可归的女孩们提供共享居住空间，并由专门的律师为她们提供各种法律援助。寂听去世后，"若草计划"的主页上挂出一段寂听的 5 分钟视频，那是她在生前留给女孩子们的最后的话：

请不要因为你们生为女性感到遗憾，应该这么想，正是生为女性，所以才有了战斗的场所。请你们一定要加油。到你们活到 99 岁为止，还有很多很多时间，希望你们能够好好利用这段时间，为女性的地位上升去做出各种努力。在 99 岁的我看来，这真的是一个讨厌的时代呢，如果现在死的话我会觉得遗憾的，但是，请不要以为世界会永远这样继续下去，时代总有一天会改变的，希望在你们活着的时候努力去改变它，去创造一个男女更加平等的时代……因此，我希望你们不要失去希望，即便感到辛苦，也要继续活下去。

寂听积极参加社会活动，很大精力都投入了"废除死刑"这一领域。1953 年，日本发生了著名的冤案"德岛收音机商杀人事件"：德岛市内一位电器商在家被人捅死。次年，与他同居的情人富士茂子被捕，被判刑 13 年。茂子声称自己没有杀人，一再请求再审，终于在 1985 年被重判无罪——此时距茂子在监狱里病死已经过去了 6 年。这也成为日本历史上首例当事人死后再审判的事件。当时还未出家的寂听一直关注着这一事件，1960 年，她在《妇人公论》杂志上发表了一篇名为"恐怖的审判"的文章，详细叙述了事件的经过；5 年后，又在同一杂志上公开了与狱中的茂子的通信往来内容；1971 年，她与茂子联名出版了一本书：《恐怖的审判 德岛收音机商杀人事件》，在这个过程中，寂听还和女运动家市川房枝成立了一个援助组织，直至宣布茂子无罪，这二十多年里，她始终鼓励和支持着茂子与她的家人。

出家之后，寂听也始终关注着死刑犯，因为"连环枪击案"于 1997 年被执行死刑的少年犯永山则夫，2011 年病死在狱中的原联合赤军干部永田洋子，在狱中都曾与她有过密切的书信往来。寂听与永田的书信后来作为《爱与命的深渊里》一书出版，她还作为证人为永田出过庭。永田死后，她在给《妇人公论》的文章中写道："作为出家人，不能对人人都在指责的你熟视无睹。"与死刑犯们长期深入的交流，形成了寂听强烈反对死刑的思想，也引发了一些风波：2016 年秋天，日本律师联合会在福井市内召开的人权拥护大会上，寂听为了表达她"死刑也是一种杀人"的观点，有一句偏激的发言"请和想杀人的白痴们战斗！"，引发了不小的社会争议。舆论指责她丝毫不顾及受害人的心情，最终律师联合会不得不出面道歉。但寂听的一生从来就是充满争议的，她从来不害怕世间争议，也不回避与有争议或是有罪的人交往。早些年，她收留因为吸食大麻被捕的男演员萩原健一，与他共同出书，带他剃发修行，视他如儿子一般。她去世前几年，杂志社邀请她与身陷学术造假漩涡的小保方晴子对谈，她也完全不拒绝，甚至认为小保方晴子遭受了社会欺凌，劝告她去写小说。

不排斥灰色地带的人，理解满身污垢的人，不知道是不是寂听在修行中体悟到的众生平等，但她在晚年，一直在实践从佛学中学到的"忘己利他"。歌手美轮明宏是她的好友，曾前往东北的天台寺参加过她的法话会，目睹了数千人聚集的热闹场面。寂听去世后，美轮明宏也写了一篇文章怀念她，说她"最大的功绩在于帮助他人"，"以平常自然的姿态与人们谈话的内容，通过口口相传扩散开来，大量的人们信赖着寂听。不依靠组织的力量，自然就变成了这样。她因为自己拥有的各种各样的人生体验，能够理解他人的心情，渡过了几个人、几十个人的人生困境，才能够很好地为人们提供人生咨询。在寂听的周围，年轻人自然地聚集在一起，其中一些人也照顾着她。我觉得这样便是幸福了。"

寂听在宗教上未必有人大的建树，她的去世，也没有在宗教界引起波澜，或被认为是损失了人才之类。但寂听有着她无可替代的存在感。我读过一位日本宗教学者的谈话，他认为，虽然寂听可以作为宗教人士的代表，但其实佛学界人士在内心里对她多少是有些不屑一顾的，对年轻人高喊"恋爱和革命"之类的宣言，以及到了晚年也毫不枯竭的欲望，完全不能称为"开悟"。"但是，我觉得寂听在做十分了不起的事情，人们能从她那里真正获得鼓励"，那位宗教学者说，寂听有很强的号召力，帮助很多人找到了自我价值，这也是日本的佛学界人士最欠缺的。东日本大地震之后，不少僧侣前往现场诵经，反而只感到了一种无力感，有寂听这样的异例出现，无疑是件好事。

寂听晚年旺盛的精力与强大的社会号召力，也体现在文学上。66 岁时，讲谈社邀请她翻译古典名著《源氏物语》，她准备了 5 年，过了 70 岁才正式动手，又用了 5 年，完成了全部的现代文译本。将《源氏物语》翻译成现代文这件事，在日本文学史上先例太多了，其中以与谢野晶子和谷崎润一郎的两个译本最为有名，寂听的文学造诣比不上这两人，文本也被认为走的是通俗路线，但寂听总能做到一些只有寂听才能做到的事情，她为这部书找到了一个现代的新角度：女人们的《源氏物语》。"和光源氏发生关系的女性七成都出了家"，寂听这么说，她结合自身的出家体验，想要引导人们从这部古典名著中思考现代女性的命运与生存方式。翻译完成后，NHK 电视台教育频道邀请寂听制作了系列节目《源氏物语的女人们》，谈的还是女性无论古今都要面对的共同命运：恋爱、出轨、三角关系、职场竞争……说得很通俗，但登场的女性是如何通过舍弃俗世从爱的苦恼中解放出来，又是她身为佛教人士才有的角度。寂听翻译的《源氏物语》，在当时掀起了风潮，不到两年便卖出了超过 200 万册，被评价为"所有现代译本中最易读的一版"。

84 岁的时候，寂听获得了日本政府颁发的文化勋章，她的价值受到了政府的认可。她一生都在不停创作，90 岁的她在 2012 年《朝日新闻》的那个采访中，还透露了一些当时的写作情况：400 字的原稿用纸，身体好的时候，每天要写 25 页（她声称年轻的时候可以写 50 页），通宵写，用笔写，右手写出了腱鞘炎。期间无论是因为脊椎压迫骨折住院，还是胆囊癌做了切除手术，都还在坚持写小说。寂听说："念经是出家人的义务，因为是义务，有时候会感觉有点儿痛苦。但写作是我的欲望，写小说是我的快乐。对我本人来说，写小说比坐禅更容易陷入忘我状态。"她写完最后一部小说已经 95 岁了，有人统计，在她这因为爱情和出家而繁忙的一生之中，总共写了 400 本书。

比起文学上的意义，寂听的这些书在人生启发上的意义或许更大。出家前与出家后的她，都是先锋人士。2020 年，寂听写作于 1968 年的畅销书《爱的伦理》新装再版，从这本书中最能看出她的恋爱观与价值观，时隔半个世纪，难免有些观点已经过时，但有些观点仍然适用于今日，值得年轻的女孩们借鉴。例如她说：

现在的我，对于那种一生没有瑕疵、平稳无事度过的人妻之类的人生——不是我嘴硬——绝不觉得羡慕。我现在也仍然继续在人生的泥泞里，不停地被弄脏脚、被绊倒，却还在思考："活着"这件事，不就是为爱烦恼吗？

……

在我的理想中，女性要彻底地实现自我，培养独立的经济能力比什么都重要。实现经济独立这件事，是比结婚更重大、更有意义的事。

新书出版时，寂听与比她小66岁的女秘书对谈，当时98岁的她又说道：

以我活了近百年的感受，和过去的时代相比，现在的女性真的变得自由了。现代女性的自由，是我从前不能想象的程度。我觉得这真的太好了。然而现在的年轻人们，没有真正认识到这种自由，明明任何事都可以按照自己想做的去做，却总是犹豫着"或许会被谁说什么"，心中感到胆怯和害怕。这样被过去的伦理观所左右，实在是太陈腐了。我觉得现在的年轻人吧，就一个劲儿地做自己想做的事情就好了。

……

但是，尽情按照自己的想法去生活的人，比起不按照自己想法去活的人，要付出更多的艰辛。只要不害怕那样的艰辛，按照自己的想法去活，会拥有一个不后悔的人生，这是无疑的。

去世的半年前，寂听度过了最后一个生日。在工作人员公开的当天视频中，她说："活到99岁，对我来说是过长的一生。经历了各种各样的事情，是一般人所经历的好几倍。现在的我没有一点儿后悔，这一生我充分地活过了。"寂听活出了此前没有人活过的一生，很激烈，但也很简单，她的墓志铭是自己决定的，三个词就足以概括她的一生：爱过、写过、祈愿过。寂听对于她的人生应该是十分满意的，她的最后一部小说最后一页的最后一句话，是这么写的：就算是转世，我也想做小说家，并且是女的。

年轻人为什么都搬到农村去了？

库　索

"100万日元买房，这个数字一定是搞错了吧！"和国内的编辑讨论一本名为《用100万日元买房，每周工作三天》的日本新书时，对方如此说。我核实数遍，终于肯定：千真万确是100万日元。没错，书中的主角花了相当于6万元人民币在东京郊外买了房，每周只工作三天，都是真的。

故事是这样的：2015年，34岁的立花佳奈子买下了神奈川县横须贺市山间的一幢空房子，面积超过100平方米，拥有厨房和4个房间，但由于建筑已经超过70年，又长久无人居住，价格便宜得惊人。刚买下时，这幢房子宛如废屋，她用了一年时间亲手改造，终于在2017年的夏天顺利入住。立花佳奈子是横滨人，从当地的大学毕业后，在一间主要负责餐厅和 Share House^① 设计改造的公司工作了 8 年，过着和都市年轻人一样不眠不休的生活，周末也少有休息时间，但她喜欢在休长假时去海外旅行。见得多了，她就动了在日本也做 Share House 的念头。搬进新家，立花佳奈子还在公司经营的山中咖啡馆工作，她提出申请，把原本一周 6 天的工作时间减少到 3 天，其余 4 天都待在家里。她想把这个家变成愉快的生活场所，召集友人聚会，举行以料理和音乐为主题的小型活动，希望能新建一种从前的人生中没有的生活。她设计了一个宽阔的阳台，装了吊床，每天最享受的时刻就是躺在吊床上抱着狗眺望远山、悠闲地喝酒。工作时间锐减，收入也减少了一半，她并未因此感到困窘，也尝试自己创业，在日本开展 Share House 的项目，和各地的人都成了朋友，也有了比从前更广阔的交际圈。

这本书的作者我们都很熟悉，是那个曾经提出"下流社会"和"第四消费时代"观点的消费社会研究专家三浦展，在书中他列举了种种已经不能再从金钱和物质中获得的幸福感和日本年轻人的理想生活形态，如腰封上醒目的宣传语所说："一种只要很少的钱也能感觉幸福的新的生活方式。"

例如，一位从福冈市移居长崎县五岛列岛的单亲妈妈，每个月只需要 10 000 日元（约 600 元人民币）的房租就能过上满意的生活。在离岛上，她把自己的房间改造得如同东京

---

① 可理解为共享房屋，日本年轻人中流行的一种租房模式。

港区的白领公寓一样时尚，工作室里摆着黑胶唱片机，无论餐具、烹饪用具、红酒还是香料都一应俱全，东西都能在网上买到，不受物资所困。她是一位放射科技师，每年只用三分之一的时间工作，收入 150 万日元（约 9 万人民币），完全能够支撑在岛上的生活。其余三分之二的时间进行房屋的改造或是带着儿子在岛上悠闲地享受生活。岛上的生活又如何呢？三浦展去探访了一次："透明的海水，无人的海滩，登了名叫鬼岳的山，又乘船去了列为世界遗产的教堂，傍晚泡过温泉之后，去一对东京移居来的夫妇的餐厅里吃了晚饭。五岛原来是这样一个好地方啊。我感动了。"

例如，在都市里工作的平凡的 20 岁女孩畠山千春，因为 2011 年的东日本大地震和福岛核泄漏事故改变了世界观，想要建造自己的生活，于是搬到福冈县丝岛半岛的山里，并在两年后取得了狩猎执照。她每逢秋冬就进山打猎野猪，并且亲自动手分解动物尸体，野猪肉就是冬天的主要粮食。她的衣服和鞋子都是野猪皮做的，像是生活在绳文时代的人。平时自己也养鸡，也吃鼹鼠，每月的伙食费只要 1 500 日元（约 90 元人民币）。畠山千春的狩猎生活在推特和博客上大受欢迎，2014 年她出版了一本《我，开始了解体——狩猎女子的生活样式》，并四处做演讲、举办动物解剖工作坊。畠山千春因为"狩猎女子"这个名字红了，如今，她还在山间的老民宅里经营着一间 Share House，合租者 6 个人，大家每天一起做饭，努力过上不买东西的生活。春夏不能捕猎之际，他们向当地农家租来田地种大米，也租了梅树和枇杷树，结了果子就通过网络卖给朋友和熟人。平时自己也用梅子泡酒，用枇杷叶泡茶，将庭院里栽种的鱼腥草做成草药。食盐用海水蒸馏而成，味噌也是自己亲手制作的。身体不舒服的时候，第一件事不是看医生或吃药，而是让合租的一位整体师进行整骨和按摩。将来，他们还计划自己捕鱼。经历了地震的恐慌之后，因为"不知道自己吃到的东西究竟是什么而感到不安"的畠山千春，如今吃的每一样东西都是自己经手的，对于这种自给自足的生活，她很是乐在其中，用本人的话来说就是：我是生活实验家。

在作者三浦展的分析里，日本年轻人这些新型的生活形态，仍然是第四消费时代向前发展的表现：这是一个由物质丰富转向人际关系丰富的时代，由私有的志向转向共享的志向的时代，由欧美都市化志向转向为日本地方志向的时代。比 6 年前更为突出的是：年轻人对于真切生活的实感更有需求，他们从城市里搬到农村和山间去，其实是一种"再生活化"的追求。

高龄化、少子化和人口过疏化，是目前日本农村面临的三大问题。为了吸收新鲜血液，各个地方自治体都在陆续出台支持政策。

大阪和京都隔壁的和歌山县在全域施行"人口过疏化对策"，根据移居者条件提供资金补助，20～40 岁的年轻人最多可一次性得到 250 万日元（约 15 万元人民币）的生活补贴；在宫城县七宿町，夫妻未满 40 岁且孩子还未上中学的移居者，一旦住满 20 年，将免费得到居住的土地及住宅；在岩手县八幡平市，结婚可得到 50 万日元（约 3 万元人民币）祝贺金；熊本县产山村，生第一个孩子奖励 20 万日元（约 12 000 元人民币），生第二个孩子奖励 30 万日元（约 18 000 元人民币），生第三个孩子 5 年内每月可获得 10 000 日元（约 600 元人民币）；在育儿过程中，也不用担心医疗费，全日本已有 15 个自治体在实施新政：18 岁以下的未成年人医疗费全额免除。

高知县高知市鼓励移居者务农，为从事农业的新人准备了 1 至 2 年的研修期，每月支付 15 万日元（约 9 000 元人民币）研修费；熊本县八代市和富山县高冈市，为了培育新型农业人才，让他们可以在 5 年内每年获得 150 万日元（约 9 万元人民币）生活费；广岛县北广岛市，若需购买农业专用机械，可获得 500 万日元（约 30 万元人民币）以内补助。对创业的支持力度更大，新潟县长冈市是一个最好的案例，对中小企业创业提供补助金，视事业发展前景，企业最高可获得 1 000 万日元（约 60 万元人民币）——在日本注册一家公司，起始资金也不过就是 500 万日元。长野县大町市也是创业者的天堂，这里提供 2 500 万日元（约 150 万元人民币）的设备资金融资，年利率仅 1.6%。

日本的移居案例中，有一个榜样性的存在：位于四国地区东北部的神山町。这个在 1955 年还只拥有 21 000 人的村

落，到了 2015 年人数已锐减至 6 000 人——如果不是 2011
年一个"创造性过疏化"的提倡口号，也许今天它已经是一
个无人村。在神山町的倡导理念里：人口减少是不可避免的
趋势，应该重视"质量"而非"数量"。在意识到振兴农业
比登天还难之后，2010 年起神山町开始导入卫星企业，采用
远程办公的模式，成了一个逆潮流的技术新区。它的第一个
举措是，在町内各地大规模铺设高速宽带网，接着出台了各
种优惠政策，提供空房资源和艺术家滞留补贴——迄今已在
人口过疏的山地林间里，聚集了以 IT 和广告行业为代表的
33 家卫星企业。除了解决部分当地居民的就业问题以外，都
市年轻人和他们的孩子也一起来了。2012 年 1 月，神山町的
移入人口（151 人）首次超过了移出人口（139 人），被人们
命名为"神山的奇迹"。

　　近来受关注的是日本海边的岛根县，2015 年在"最受欢
迎的移居地排行榜"上跃居第三，希望移居这里的年轻人压
倒性地多，其中 20～30 岁人群占据 50% 以上。人口数量仅
在全国排第 46 位，距离东京遥远且交通不便的岛根县，为
何成为年轻人的归所呢？原因是这里有漂浮在日本海上的隐
岐群岛，大海风平浪静，食物美味，当地民风淳朴。地方政
府积极的公共关系举措是更深层原因，除了宣传广告和开发
新商品，当地一个名为"故乡岛根定住财团"的机构还特别
提供搬迁费补助，对进行 IT 行业创业的移居者更给予资金
支持……岛根县还有一个"产业体验事业"政策，对希望从

事农业、林业、渔业、传统工艺和看护类工作的人，开放3个月至1年的体验机会，每位参加者每月能领到6～12万日元（约3 600～7 200元人民币）补助金，有孩子的家庭再多补助3万日元（约1 800元人民币），一年之后，做得顺手的人会继续这份工作，不顺的人也可能会找到别的方向。截至2019年，已有1 500人参与岛根县的产业体验，定居率确实上来了。

这些移居到农村的人，也在那里找到了实现自我和开创事业的方法。

2014年，我在新潟县十日町市池谷村落采访，遇到了从京都大学毕业的多田朋孔。32岁时，他辞掉了在东京的工作，带着太太和2岁的儿子和正移居到农村，务农为生。5年后，他得到了自己想要的生活，成了一个合格的新农民，每年产米1 400千克。彼时，年轻人移居农村还没有像今天一样流行，多田朋孔已经有了深刻的思考："未来我的孩子会长大成人，如果一直在城市里生活，一旦发生什么灾难，将会面临没有粮食的问题。从现在开始一种自给自足的生活，也许是更理想的生活模式。"后来，我在他的推特上常常看到池谷的生活，2018年冬天，他还写了一本书：《奇迹的集落：面临废村的"限界集落"的再生》。2004年中越地震后只剩下6户人家共计13人的村落，到2019年已经增加到了11户23人。

在日本，我遇到越来越多移居农村的年轻人：在京都的山里，有环游世界归来的年轻人；在京都的海边，有已经厌倦了都市生活的东京青年。当地人告诉我，京都农村的移居热潮起初是东日本大地震的后遗症，独身的年轻人对将自己的生活和生命在不知情的情况下交给他人这件事开始充满疑惑和不安，在什么地方如何将自己的生活掌握在自己的手中？这样的意识在他们心中萌芽。而结了婚的尤其是生了小孩的家庭，更希望避开将来未知的灾难，寻找真正"作为人类的居所"，便决意脱离首都圈。值得一提的是，来到农村的年轻人并不是只憧憬一种隐世的田园生活，他们开始了各自的创业，有的做民宿，有的做旅行向导，有的开餐厅和咖啡馆，有的进行创意产品的开发，他们把在城市里的企划经验用在农村里，让当地没落的匠人和工艺也得以复兴，农村与农村之间也被各种活动联系起来。这些年轻的移居者不只是为了自己的生活，也考虑着居住地长远的将来，过去他们是被淹没在城市人潮中微不足道的存在，而在这里他们能真实感觉到未来的生活由自己创造。可以说，现在全日本年轻人创业潮最热门的地方，不是在都市，而是在农村。

我去过冲绳的竹富岛很多次，在这个周长9千米，仅有361个居民的可爱小岛上，现代日本人赖以生存的超市和便利店一间也没有。竹富岛上有一家陶器制作工坊，是冲绳地区为数不多的能够学习琉球狮子制作工艺的专门店。这间陶器工坊的店主水野景敬原本是横滨人，20年前在一次家庭旅行中迷恋上竹富岛，不久后便用行李将自家小车塞得满满的，没日没夜开了 4 天车来到岛上，一住不归。唯一的收入来源是这间工坊，销售自己设计的琉球传统陶土餐具。他渐渐在业界有了名气，作品不仅摆进竹富岛物产中心，他也开始为高级酒店打造定制品，偶尔还应邀到东京代官山举办个展——对于年轻时以陶艺为梦想的水野来说，这几乎是梦想成真的生活。

但事情也并非一帆风顺：冲绳是典型的男权社会，女性地位低，也不太能出现在男性社交场合中——在城市里成长起来的妻子颇不适应，移居 3 年后，便和水野离了婚回到城市。又过了很多年，水野才遇到前来岛上采风的摄影师晓子，再度结了婚生了女儿，如今一起生活在岛上。竹富岛老龄化问题严重，小学里也会发生欺凌事件，岛人之间的纠纷和摩擦亦不在少数，但 20 年的习惯让水野接受这一切，如今他依然感慨："真的很是喜欢大海，进入夏季后每天都会去，有时玩冲浪板，有时在蝠鲼鱼身下游泳……果然还是住在这里好啊。"

像水野这样的人，在冲绳的任何离岛上都能遇见好几个。在立着"日本最南端之碑"的波照间岛，我遇见了一对多年前从大阪搬来的夫妇，经营着一家创意刨冰店，他们的店也成了岛上的人气地标。而在立着"日本最西端之碑"的与那国岛，我又遇见了胖胖的咖喱店主，40 岁的他是北海道人，几年前辞掉东京的工作来到这里，感觉终于找到了避世之所，后来又知道他和岛上的姑娘结了婚生了孩子，依然过着自得其乐的生活。2018年我在西表岛上遇见的牙医也是横滨人，在东京的大学医院工作了一阵子后，也移居到岛上，成了这个岛上唯一的牙医，我们后来成为朋友，看着他每年有半年时间在世界上各个地方乱晃，觉得很是羡慕。

"想逃离拥挤的都市，想和美丽的自然生活在一起。"如今在日本兴起的这股"移居"风潮，和50年前的"进京"路线截然相反，人们开始回归地方和农村。据统计，2015年搬离东京的人数超过37万，因此也有媒体把这一年称为日本的"地方创生元年"。到了2017年，虽然东京圈的流入人口依然超过12万人，是日本的第一人口大都市，但在一个"关于都市住民的农山渔村意识调查"中，表示"有移居的计划"或者"早晚要移居""条件合适移居也不错"的人占30.6%，其中20～29岁的年轻人竟然高达70%。

为什么不呢？农村有比城市更好的自然资源，现在，它还有更好的生活条件和工作机会。

打造一个时速 30 千米的慢世界

库　索

　　和水户冈锐治的谈话是从京沪高铁提速开始的。

　　"时速 350 千米？"眼前坐着这位全日本最知名的列车设计师，满头相称于 70 岁年龄的白发，脸上闪过一丝转瞬即逝的惊讶。在日本，新干线的最高时速还只能达到 320 千米，这已经与水户冈锐治的价值观十分相悖了。

　　"对于我来说，'慢'与'快'具有同等的价值，时速 30 千米和时速 300 千米，能够产生的价值是一样的。"在他从事列车设计的 30 年里，时速 300 千米渐成现代人快生活的常态，水户冈锐治却致力于打造出一个个时速 30 千米的慢世界。

常识退后，感性先行

　　2017 年的夏天，我与水户冈锐治开启了这场对话，彼时他已经 70 岁了。

如今到九州旅行的游客，十有八九会搭上他设计的观光列车：从人气最高的"由布院之森"和蒸汽机关车"SL 人吉"，到穿越九州的"九州横断特急"和跻身"日本三大车窗"的"伊三郎·新平"，从"山幸海幸""阿苏男孩"到"指宿玉手箱""乘着 A 列车前行吧"……近来红遍日本的是豪华列车"九州七星号"，卖出了单人 150 万日元的高票价；和歌山那辆萌翻万千猫奴的"小玉号"，也是出自他手……这些乍看起来个性各不相同的列车，其实拥有同一个世界观：常识退后，感性先行。

在日本，很难找出第二个像水户冈锐治这样的人，他并非科班出身，直至 40 岁为止对铁道的了解还是一片空白，却在此后的 30 年里一直担任 JR 九州的列车设计师，他是 JR 九州资历最深的人之一，见证了社长从第一代到第五代的更替。

"25 岁那年，我在东京成立了个人事务所，从事插图设计，主要工作是绘制公寓大楼和商业设施的设计图。一直到将近四十的时候，我才意识到自己真正想做的是设计师，于是受邀参与了福冈郊外一家酒店的设计，当然不是建筑家那样专业的工作，设计的只有客室的壁纸、床、照明用具和宣传海报，相当于美术设计。然而，因为这间酒店在九州得到了极高的评价，新闻媒体蜂拥而至，我才因此结识了 JR 九州的初代社长石井幸孝——在完全偶然的机缘下，踏上了铁道设计师之路。"

水户冈锐治和石井幸孝相遇的 1987 年，对日本铁道来说也是一个至关重要的转折点。这一年，国铁开始改制为民营，JR 九州也决定舍弃一贯官僚体制的做法，开始考虑"顾客本位"。石井幸孝欣赏水户冈锐治的设计才能，邀请他参与 JR 九州即将进行的观光列车计划，尽管对铁道一无所知，水户冈锐治还是被这份有趣的工作所打动，欣然接受。

此举起初遭到社内上下的反对："明明有那么多专业人士，为什么要交给一个外行？"石井幸孝却坚持："空白才是最好的，虽然我们拥有很多专业人士，但是我更想要的是创意。"

水户冈锐治递过来的名片上，印着一只醒目的燕子的图案，这是他为 JR 九州设计的第一辆列车的 LOGO。诞生于 1992 年的 787 系特急列车"燕子号（つばめ）"，至 2004 年为止始终运行在北九州门司港站至南九州鹿儿岛站之间。在设计中，水户冈锐治打破了一贯的红、白、黑传统色彩，破天荒推出了一辆金属灰列车。

对铁道缺乏了解不是什么致命伤，水户冈锐治懂得从感性角度思考问题：在一段 4 小时 10 分的漫长旅途中，人们期待置身于怎样的空间？最终，在特急"燕子号"上，出现了立食式餐厅和吧台、配备有沙发的休息室、专用的商务会客室，车厢里桌椅全都用当地木材打造而成。

也是这辆后来在国际上拿下设计大奖的列车，让水户冈锐治坚定了此后的设计理念：并不仅仅要打造一辆列车，而是要提供一段奢华的旅程。

"起初真的什么都不知道。在完全不了解铁道的情况下，我开始设计列车；在完全不了解建筑的情况下，我开始设计车站；在完全不了解船的情况下，我开始设计邮轮。在这个世界上，光靠知识和规则做不到的事情有很多，如何超越知识和规则为人们营造充满感动和快乐的空间，是我最重要的课题。技术和学问先行，很难将设计师的这份心情传达给非专业的使用者。其实所有的设计都一样，感性很重要。"

列车，也是相遇的空间

水户冈锐治式的感性，体现在他后来的每一个作品中。他天生有一种浪漫主义：列车，也是相遇的空间。

"关于列车中人与人之间的关系，如果要说什么是我最期待的，应该是给人们提供一个度过愉快谈话时间的空间。在列车中端上来美食，喝着茶饮着酒，播放起音乐，全都是为了人和人共处的时间服务的。人和人在列车上相遇，在列车上发生各种故事。让列车成为一个舞台，就是我的工作。"

为了能制造出最好的舞台效果，必须使用最好的素材，提供最好的料理，"这样的舞台一定会滋生感动，我坚信这件事"。

搭乘过"SL 人吉"列车的人，都不会忘记水户冈锐治在前后展望窗前摆放的两把木头椅子：整面都是玻璃，能望见列车喷出的黑烟和田园风情，但那里只供孩童使用，成人无法抢占这份乐趣。

"这两把椅子可以说是'SL人吉'的主题，普通的列车是不会放那样的东西的，提案最初不乏反对声音，觉得在那个地方放上椅子会很危险：如果孩子摔倒了怎么办？最后我胜利了，那里成为整辆列车中最快乐的场所。"

正如少年们都想亲自坐一次"SL人吉"的木头椅子那样，水户冈锐治设计的几乎每一辆列车，也都成了孩子的天堂。从这个层面来说，观光列车拓宽了日本铁道的外延："最新一波铁道风潮中，铁道迷大大增加了，他们和从前的'铁道宅'截然不同，主要以家庭形式出现。妈妈和孩子、爸爸妈妈和孩子、爷爷奶奶和孙子……诸如此类的旅行增加了。"

为什么会出现这样的变化呢？

"在观光列车出现之前，日本家庭旅行的基本形态是自驾游，父母坐在前面，孩子系上安全带固定在后座，如此孩子会更关心窗外的风景，和父母之间也没有交流，很多时候只是玩着手上的游戏机度过旅途时光，更不用说留下什么记忆了。

如今，这些曾经沉默的家庭坐在观光列车的木桌前，吃着便当聊着天，一起欣赏着窗外的风景——日本这一代的年轻父母，基本上没有和孩子对话的时间，为他们创造这样的空间，就是我的期待。"

至于那些平时忙于照看孩子的职业主妇呢？她们也在忙

碌的日常中找到了一点属于自己的空间：比起汽车、飞机和轮船，观光列车为孩子打造出能自由活动的安全空间，妈妈在旁边睡觉也无妨，独自读一本书也可以，母子双方各自拥有完全独立的自由时间，也许是只有铁道才限时供应的珍贵时光。

移步到九州之外，在四国的爱媛县，水户冈锐治也曾将一辆古老的货物列车，改造成全开放的观光列车，取名为"しまんトロッコ"（四万小火车号）。对于很多铁道迷来说，这辆票价便宜、缓慢穿行在夏日山间的黄色列车，成为铁道旅游的最佳回忆：是盛夏最酷热的时分，四面没有窗户，进入深山后，清风扑面而来，又有溪水潺潺，蝉鸣阵阵……此时并不在列车上，而是全身心放纵于自然之中。

"通常在设计列车时，搭乘的时间是最重要的考量因素。15—20 分钟的通常是通勤电车，往后是 1 小时、3 小时、5 小时的观光列车，如果要住一晚，就完全是高级酒店的思考方式了。设计是由旅途的距离决定的，但'四万小火车号'却是另外一回事，能感受自然风是它得天独厚的独特要素，其他任何车辆都无法模仿。在自然中，偶然的相遇全靠运气，这才是最佳的旅行。"

在"四万小火车号"上遭遇的不只是清风，也会有倾盆大雨，也会有漫天大雪，把一切都交给自然摆布的旅行，被称为相遇的运气。"搭上'四万小火车号'，也享受雨，也享受风，也享受雪，留下的全是快乐的回忆。所谓旅行，就是各种不凑巧的连续，能够接受并享受这份不凑巧，就是最重要的。人生也是如此。人生也是不凑巧的连续体，最重要的是带着享受的心情跨越过去。"

在设计列车这份工作中，有三个关键词长久地影响着水户冈锐治：不比较，接受不凑巧，不建造对立。

慢行自有意义

2013 年秋天开始运行的"九州七星号"，是日本第一辆周游观光列车，也是日本历史上第一辆超豪华卧铺列车，分为四天三夜和两天一夜两种套餐，可周游九州各县。这列列车由 7 节编成，双人床房共计 14 间，一次最多可以搭乘 28 人。

堪比五星级酒店的奢华空间，提供当地顶级食材制作的料理，在一段列车之旅中，就能将九州的自然、饮食、温泉、历史和文化一网打尽。

"九州七星号"从设计到完成，花费了水户冈锐治三年时间，造价高达 35 亿日元，票价也从 35 万日元到 150 万日元不等，贵到令铁道迷瞠目结舌，但预约者甚众，最抢手的房间抽签倍率甚至达到了 180 倍——尽管如此，也要 20 年才能收回成本。用水户冈锐治的话来说，赢利不是"九州七星号"最重要的任务，它是宣传九州旅游的标本。制造一辆最高标准的列车，能够提升整个地区的形象和品位，而制造一辆最高标准的列车，关键则在于：提供最优质的服务和最高级的料理。

"对我来说，时刻考虑乘客的心情是永远不变的立场。另一个坚持是，要制造'独一无二'的东西，制造其他会社没有的东西、已经忘却了的东西、还没有察觉到的东西。不制造'天下第一'，而是制造'独一无二'。制造只有九州才有的列车，就要把这个地区沿线的食材、文化和人全部融入，只要三者兼具，就能诞生独一无二的列车。"

所以在水户冈锐治设计的列车中，总有令人惊喜的美味料理，不同于简陋的车站便当，而是精选当地时令食材，邀请当地有名餐厅的厨师监制。在最新的一个作品中，水户冈锐治打造了一辆食堂车专列：由东急电铁和伊豆急行合作，穿行在 JR 横滨站和伊豆急下田站之间的 "THE ROYAL EXPRESS"（皇家特快），3 小时的旅途，搭配一餐高级料理，价格在 25 000 日元至 35 000 日元之间，一次可以容纳 100 人，8 节车厢全部是食堂空间，车上配置有专用厨房，车厢里随时有各种演出，甚至可以包车举办婚礼和小型演唱会。

"把火车上的饭菜稍微做得美味些不好吗？难得的一段旅程，为什么饭菜那么难吃呢？"水户冈锐治说。

"能让人和人相处的时光变得愉快的元素，无非就是三个：吃点儿什么，喝点儿什么，聊点儿什么。这在世界上任何一个地方都是相同的。在电车中用餐，远比在餐厅中用餐要美味数倍。"

人类会将激发了五感的体验久久地保留在记忆中，而五感的顶点即是味觉和视觉，因而美味这件事，并不只是舌尖的触觉而已：在一个氛围良好的空间里，看着窗外流动的美景，接受优质的服务，听着令人心情变好的音乐，恰好又有聊得来的旅伴，所有的这一切叠加在一起，才形成了"美味"这个词。

70 岁的水户冈锐治依然每天都活得忙忙碌碌，设计草图完成后，还要召集日本全国各地的工匠共同打造列车。他只拥有一个 15 人的小事务所，但全日本的工匠都是他的工作团队——任何一个地区的列车，都邀请当地工匠参与打造，并在车厢里摆放他们的作品，这是水户冈列车的特色之一。在他之前，日本国内还没人这样做过。

他曾邀鹿儿岛的佛坛工匠打造金箔窗框，也多次邀请过家具工匠、博多织工匠、八代榻榻米工匠，在"九州七星号"中，每间客室的洗面池，都是由十五代目酒井田柿右卫门亲手打造的高价陶器。对工匠的信赖，与金钱和名气无关，而是感动于他们身上流露出的热情，他曾经在书里写道："我的家族是从事家具制造业的，因此对工匠的信赖和尊敬比普通人更甚。我的设计草图，最终只能成为完成品的 50%，剩下的 50% 的是在现场和工匠们交谈及工作的过程中，从他们那里得到的启发。"

那次谈话后不久，水户冈锐治又开始了他的新工作：设计邮轮。计划是建造一艘 7 层构造，包含 60 个客室，可以容纳 120 人，以日本为中心在全世界环游的"海上的九州七星"。船上一样要打造顶级的服务和料理，也要设有大厅和沙龙、餐厅和居酒屋，还有图书馆和各种娱乐设施。

"在交通工具的领域内，设计船是最难的。周围全是海，没有什么风景，晕船也是个大问题。如何能更慢地行驶，是我正在考虑的。"他想打造一段海上的美好时光，于是提出了一个新方案：不要制造一艘船，而是建造一个岛。在船上种很多树，打造出一片森林，如此一来，它随时在海面上停下时，就成了一座孤岛。尽量开得慢一点，再慢一点，在行驶中也像慢慢漂浮的岛屿，人们在船上度过的几天几夜，就像在海岛上度假一样。

这个理念，倒是和设计列车一样：高速当然有其价值所在，但是慢行也自有意义。

"九州七星号"即便在车站停止 6 个小时，也不会有人抱怨，因为在停车的时间里，美好的空间一直存在，服务还在继续，谁也不会觉得焦躁。船也是一样的道理，到了海上之后，就算不行驶也很好。

"不要太期待速度，也有很多时候，越慢越好。"这是水户冈锐治"独一无二"的哲学。

日本男生爱化妆

张意意

　　早晨上班走在去车站的路上，伴着匆匆的脚步声，身旁会有各种各样的香味飘过。从前可以通过香水的气味判别从身边走过的是男性还是女性。但近来男女都可以使用的中性香水的流行，结束了我的小小智力游戏。可有一个群体的香气引起了我的好奇：那气味不是香水而是洗衣粉中添加的芳香剂，随着清爽而微甜的水果芳香，从我身边走过的不是轻盈欢快的女学生而是膀大腰圆的壮小伙子。

　　我家附近有一个大学柔道部的学生宿舍，所以我经常在上下班的路上遇到学生，不呛人却非常鲜明的香气扑鼻。据说正是因为他们每天训练大量出汗，臭气熏天，才更加注意清洁，洗衣服时多加一些芳香剂让周围的人感觉舒服。看着他们摇晃着沉重的躯体大步行走的样子我心里觉得好笑，不禁多看了他们几眼。更让我吃惊的是他们一个个眉毛修剪整齐，有描画过的痕迹，皮肤细嫩，看得出经过精心的呵护。

还有一次，我坐在茶馆里喝下午茶，旁边来了两个年轻男子。他们装束一般，面容端庄，清秀得引人注目，眉毛明显经过修整，唇边滋润光亮。两人边喝茶边操着关西口音聊天，好像在谈论着护肤用品和美妆的话题。

最近关注护肤并化妆的男生好像越来越多。随着互联网的发达，Instagram（照片墙）为人们提供了展现自己的舞台。不论谁都可以成为这个大舞台上的演员，把最美好的自己展现出来。2003 年前后裴勇俊、李秉宪、张东健、元彬"韩流四天王"掀起了日本的"哈韩热潮"，之后一代又一代"小鲜肉"登陆日本。"韩国型美男子"已经成为美妆男生一类人的代名词。如今他们不仅走在东京最时尚的涩谷原宿，几乎所有街巷都可以看到，特别是在大学生比较集中的地区。美妆男生已经融入了日常，不会有人因为好奇去多看他们几眼。

有文章称如今是"男生看脸"的时代。各种宣传书籍和讲座大受欢迎。《五分钟教你变身为帅哥》一书十分畅销，这本书的主题就是教你只用 5 分钟变得目光炯炯、面颊俊俏。读过这本书的人在网上评论说："门外汉也能立刻学会。不是在说化妆而是更注重仪表端庄。工薪族和业务员什么的肯定需要。我觉得健康和外表越来越重要。这本书简直就是经典，受益匪浅。"还有的说："稍微把黑眼圈儿和暗斑遮掩一下就大不相同了。通过这本书我改变了自己。希望更多的人知道怎样去欣赏自己。"作者高桥通过自己长年积累的经验技巧，在 YouTube 上频繁发布视频。浮肿的眼皮消失了，塌鼻子显得挺拔了。高桥的粉丝越来越多。

书摊上，《为什么一流男生呵护皮肤》《会赚钱的男生不为人知的男性美容法》《美男子是怎样炮制出来的》《男生的美容武装》《男生眉毛款式革命》《眉毛形成理论》等男性美容美妆指南比比皆是，男性杂志还不断推出新潮流大预测之类，为人们指明方向。

化妆不只限于社交网上频繁出没的大学生，也包括为了在面试时给对方留下好印象的毕业生、已经工作的销售员等，这股风潮已在各个年龄段、各种不同行业中不声不响地普及开来。

日本公司对公司形象非常重视，对新员工会进行严格的仪表礼节培训。记得我刚进入公司的头三个月接受培训时，公司要求业务员必须至少准备三双皮鞋，每天换袜子，袜子不能有破洞。每个月必须去理一次发等。因为一些客户的办公室以及有些餐馆是榻榻米，经常要脱鞋，所以对鞋袜反复叮嘱。

2011 年东日本大地震后，各大写字楼、各公司都开始进一步节电。闷热潮湿的日本夏季，在空调设定温度 27、28 度的室内，人们不免汗流浃背。于是各种除菌擦汗纸巾、止汗喷雾流行起来。擦汗的纸巾中有的加入不同的香味，有的还加入化妆水等有护肤作用的成分，诱导人们关注自己的体臭、皮肤状况，注意防晒、防斑。

注重形象以增加自己的附加价值的观念形成，也受到了《金装律师》等美国电视连续剧的影响。电视剧塑造的"精英"，健康的肤色给人留下精明强干的印象，在抹好化妆水和乳液后涂上 BB 霜，剃须的痕迹和肌肤不适的斑痕瞬间即逝。精神饱满的面容表现出良好的自我管理能力，既可增强自信又可得到对方的好感和信赖。

当然，女生在职场地位的提高也促进了男生在外表方面的注意。一家网上美容相关公司（Hotpepper Beauty Academy）的调查表明，在女性人数较多的职场里，对美容健身持关心态度的男性比率远远大于女性较少的职场。据说女职工占半数以上的单位，会有超过 60% 的男职工进行护肤健身等，而女职工不到 20% 的单位里，关注健身美容的男职工不到一半。这一数据证实了女性走入职场对男性的外观仪表意识的影响，人们越来越在乎 5 米以内的视线。

加之，在日本这个强调对周围气氛要知趣的国度，跟上步伐非常重要。几乎所有日本人都会认为融入周围的环境是人生必备的技能之一。社会上开始流行化妆，自己也不能落后，至少也想试试看。

那么对周围越来越多男性化妆的现象，女性有什么样的看法呢？我问了问周围的年轻女性，她们说："男性化妆也是应该的吧。只要求女性化妆本来就不公平。男性也应该注意仪表，漂亮一点有什么不好呢？没有人愿意和丑陋肮脏的人在一起吧。"

如今化妆不是指浓妆艳抹，更多的是突出自然美。男生化妆并不是要把自己打扮得花枝招展，而是借助化妆品遮掩一下自己的负面因素，让自己更加具有男生的魅力，增强自信心。比如脸上起了痘痘，刮脸不小心划出了伤痕，工作熬夜后眼睛下方发黑或醉酒后无精打采的时候，粉底或 BB 霜可以帮助恢复正常的精神面貌。而女生化妆也不再强调涂脂抹粉，柳眉红唇，而是流行自然妆、裸妆，让化妆辅助完善自己的容颜。

无论是为找工作四处面试的青年、开拓客户的中年业务员，还是为皮肤上的暗斑和眉毛脱落烦恼的老年人，化妆为这些不同年龄段的男性增强了自信，美容商品的对象则遍及全年龄段男性。有统计称，20 岁前后买过粉底或眼线笔的男生超过一成，40 岁前后买过化妆水或乳液的超过两成。

当然这样的潮流少不了商家的企划和造势。在女性化妆品市场近于饱和的今天，各大商家都在积极宣传并扩大男性市场。例如，资生堂的品牌"uno"原本是美发产品品牌。它利用人们对品牌的熟悉，又推出了系列美容产品，其中也包括针对男性的产品，非常畅销。宝丽、香奈儿等品牌的男性化妆品也备受青睐。在老牌化妆品不断推出新产品的形势下，富士胶卷公司 2019 年 8 月 26 日宣布正式进入男性化妆品市场，推出了 4 款护肤产品。他们特别看好男士化妆品市场对抗衰老产品的需求，利用长年在胶卷领域积累的技术经验开发了面向 30 岁至 50 岁年龄段的抗衰老化妆品系列。不少百货商场还专门开设了男士化妆品专柜。

偶然看到一篇文章，介绍中国的男性化妆品市场正在急速扩大，"彩妆男子"不断增加，2019 年男性化妆品市场的销售额达到 154 亿元人民币。还说如今女性找对象的条件正在从高收入、有房产等经济条件转为重视外貌。日本的大型化妆品公司也已经在中国出售男用化妆水和美容乳霜等。

如今年轻人的审美观正在发生着什么样的变化呢？随着生活水平的提高，肯定会变得越来越精致。

孤独大臣治得了日本人的孤独吗？

万景路

2021 年 4 月，针对日本社会因受新冠疫情的深刻影响而不断增多的孤独现象，菅义伟首相任命"一亿总活跃社会计划"担当大臣坂本哲志兼任"孤独担当大臣"。随后，内阁官方的"孤独孤立对策室"也正式挂牌营业了。

其实，日本并不是第一个设立孤独大臣的国家，2018年，鉴于英国国内日趋严重的孤独问题，时任首相特雷莎·梅就任命了一位孤独大臣，由此，英国也成了世界上首个设立这一职位的国家。当时，梅姨考虑到本国的孤独问题主要是受医疗费用和经济方面的双重压迫所致，还曾大笔一挥，批下了约合 28 亿 7 000 万日元的资金用于解决孤独问题。四年过去了，至于英国的孤独问题是否得到了解决，咱不讨论。我们只看日本，日本的孤独问题是怎么产生的呢？

日本受孤独困扰的又都是怎样的一些人？他们的孤独都有哪些具象表现？日本的孤独问题最终又是否能够得到解决呢？

说真的，没有对比就没有伤害，中国人真正有孤独感的似乎并不是很多，这也许是中国的传统文化使然。即使有人孤独了，也大都憋着不说，说了，就有了那么一点炫耀自己曲高和寡、孤芳自赏之嫌，搞不好还会落一个"孤僻"的差评。在中国，如果一定要说孤独，那差不多就是文人骚客的专利，由此可见，"孤独"二字在国人心目中其实是和孤傲、高雅等词有着近似理解的。而那些孤寡老人倒确实孤独，但一般大都以"孤苦伶仃""孤苦无依"等称之。

与我们不同，孤独是日本人的普遍现象，政客企业家有之，文人骚客有之，涵盖所有年龄层的普通百姓同样有之，换言之，几乎可以说大多数日本人的内心里或多或少都存在孤独感。

之所以日本人会形成这种普遍的孤独感，个人认为一个原因与他们的宗教文化有关。日本，可以说是深受佛教影响的国家，特别是佛教禅宗的"诸法从本来，常自寂灭无相"的观念，自古就深植于日本人心中，从而使得他们在看待事物时体现出非要透过表象去看事物内部所蕴含的枯寂本质的思维习惯来。受这种观念影响，久而久之，日本人慢慢就形成了在表象上衣着朴素、不喜浮华，甚至家庭装饰也崇尚朴实简约，一切趋于自然的外在风格。长期面对这样的环境，便开始拥有欣赏事物质朴本质的习惯，日本人由此渐渐领悟事物本质的枯寂、幽玄，甚至寂灭之粹美。如此，日本人内心深处就慢慢形成了一种莫名的孤寂感来，而这种孤寂意识是会潜移默化、代代相承的，这，应该就是日本人产生"孤独感"的源头吧，也可以说是日本人独特的宗教文化认识使得他们在内心深处早早就埋下了"孤独"的种子。

时至当代，孤独也有了新的诠释，正如日本智库咨询公司 Glocomm 总裁冈本顺子所指出的那样：日本社会传统上习惯于将"独自了结所有自己的问题、不给家人和社会添麻烦"视作一种美德，这也使得他们即使有了烦恼会因怕给人添麻烦而无法对人倾诉。因此，日本人在与人接触时潜意识里都会刻意与对方拉开些距离。有了距离感，日本人才感到安心，但同时这也增加了彼此间的不信任感。一般日本人在与人相处时不会主动积极地向对方敞开心扉，而是视对方而动。对方敞开多少心扉，自己则相应地打开多大心门，是完全被动式的。日本人从不会主动地把自己"真"的一面示人。究其原因，据日本人自己讲，是不知道对方会怎么想怎么看，所以不想给别人添麻烦。其实，说穿了，还是怕最后会给自己带来麻烦。如此恶性循环，日本人自然就缺少朋友，更不会有什么知心至交。互相都憋着，从而越来越感到孤寂，自然心扉也就渐渐关起，严重者甚至逐渐丧失自信，视自己为对他人和社会可有可无之人，最终彻底陷于孤独之中，甚至走向"孤独死"的凄惨末路。

现代日本社会孤独现象的产生应该还有另外一个原因，

那就是"缘社会"和"核家族"化的进展。在日本，人与人之间的联系可以用"缘"来说明，比如有血缘、社缘、地缘、选择缘（由兴趣而产生的人与人之间的联系）等。以出生于经济快速发展时期的中老年日本人为例，他们虽出生于一个好时期，但大学毕业后就赶上了日本经济陷于低迷，这导致了他们的收入不稳定、婚姻不顺畅，很多人的生活也一直处于流动状态，这造成了他们的"社缘""地缘"以及"选择缘"都非常有限。慢慢地，他们就会被社会孤立，甚至抛弃，从而走向孤独。而"核家族"一般是指脱离了过去的祖孙三代四代同堂的大家庭、由夫妇两人或由夫妇与未婚子女组成的少人数家庭。这样的核心家庭同样是滋生孤独情绪的土壤，而这种"土壤"还越来越多，最终形成社会化的孤独现象。

孤独现象的产生缘由大致如上所述，那么，当代日本社会正在承受着孤独烦恼的人又有哪些呢？说出来可能会吓人一跳，据厚生省统计数据，日本从儿童、初高中学生、工薪阶层，直到退休人员、高龄老人普遍都存在着或多或少的孤独感。

我们先从老年人的孤独现象说起。犯罪社会学专家土井隆义认为：现在的高龄者，尤其是65岁以上的老人，他们经历过二战后的饥荒年代，也经历了轰轰烈烈的经济高速发展时期，可以说是为日本的经济腾飞贡献了一生，因此，即便他们自己退出了工作舞台，这种溶于血液里的自豪感也并没有褪色，为社会继续服务的欲望也依然存在。可现实不作美，因经济长期低迷，连年轻人的工作都是难保安稳，又哪里会有他们的用武之地呢？而且随着自己的老去，面对日新月异的社会变化，这些老人明显从内心深处开始感觉到自己已跟不上时代的发展，成了"无用之人"。事实上，这种感觉已经成为大多数日本老年人每天驱之不去的噩梦。而许多这样的老人在配偶离去、子女不在身边以及经济拮据等客观因素的综合作用下，开始渐渐陷入孤独、孤立状态。最终，由于不愿给人添麻烦等原因，他们中的一些人就在孤独中默默地死去，成为曾引起日本国内外媒体关注的"孤独死"现象中的一员。其中有些人甚至直到死后数周、数月才被发现，令人唏嘘……

至于当下开始走向老年的一批人亦难逃孤独之厄运。这一人群一般出生于1960年代之后，年龄为50多岁，他们可以说是孤独的主力军。这些人虽成长于经济高速发展期，但是也经历了日本经济低迷期，这原本就在他们心中形成了一种落差感。而当年借助经济高速发展带来的实惠，使得他们的待遇，以及今时的地位都已不低，基本已是企业的中坚阶层，但因为一些企业在泡沫经济后长期陷入经营不振状态，公司业绩不佳，裁员就成了自救的办法之一，这些高待遇的中坚阶层人士在此时就成了企业减负的首选对象。这批人中的许多因被公司裁员、转岗导致收入不稳定，"社缘""地缘"以及"选择缘"也越来越差，甚至连他们的"亲缘"（婚姻、家庭）都处于"动荡状态"，从而渐渐地被社会所孤立，成为孤独大军中的一员。

年轻人的孤独现象同样不容忽视。据厚生劳动省《自杀对策白皮书》显示，2020 年度 15 至 39 岁年龄层的死因第一位就是自杀，青少年自杀人数创历史最高。对此，日本厚生劳动省呼吁社会各界采取措施，以防止、阻止从高中生年龄段开始增多的自杀现象。日本舆论认为：之所以年轻男女，甚至是高中生近几个月来自杀人数越来越多，主要原因是，随着新冠疫情的长期化，学生无法正常到校上课、公司员工也不能正常上班，这些现状都会慢慢地使人产生孤独感。随着这样的日子越来越长，孤独感日增，尤其是日本独居的年轻人又多，渐渐地，感到前途渺茫的人也就越来越多，而日本自古又有着淡漠生死、宽容自杀者的传统，于是，心理承受能力本来就弱的年轻人为了寻求解脱，选择结束自己生命也就是自然而然的事情了。

《自杀对策白皮书》还显示，2020 年中小学生自杀人数为 479 人，这比 2019 年的 339 人多出了 140 人。据调查，中小学生自杀原因排前三位的是：① 学业不振；② 升学方面的烦恼；③ 与父母关系不和。前面说过，受不给他人添麻烦的习俗以及各种规矩等的影响，平时沉默寡言、面无表情已经成为日本人的招牌，这自然也影响到儿童，本应叽叽喳喳的花样年华的孩子也由于大人的影响和礼仪规矩所束缚而被迫小嘴儿紧闭装深沉，这些都不可避免地导致孩子们自小就滋生出了孤独情绪，久而久之，因疫情减少人际沟通导致无人倾诉等原因，他们中的部分人最后就会难忍孤独而走向自杀……

2020 年关于自杀的一个更显著现象是女性增多。日本警方及厚生劳动省数据显示，2020 年因疫情影响，日本自杀人数自 2009 年以来时隔 11 年首次上升，达 20 919 人（较前一年增加 750 人）。其中女性自杀数据引起了日本政府的高度重视，而契机则是疫情期间的 2020 年 10 月的一组数据，当月日本共有 880 名女性自杀，同比增加了 70%。对此，日本智库研究者指出：当代日本职业女性普遍单身，并长期在职场打拼，其在大都市的典型生活，就是从早到晚工作，下班后或与极少数同事、朋友，或索性自己一个人吃个饭、喝两杯，然后独自回到租住的单身公寓。她们绝大多数日常购物集中在离家最近的便利店，除职场外几乎不与任何人交流。尽管职场女性看上去较传统日本女性更自立，但实际上许多日本女性的职位高度不稳定，新冠疫情的肆虐和蔓延，导致大量企业倒闭，女员工受到远比男性同事更大的冲击，她们的生活来源乃至社交圈子因此近乎彻底崩溃，于是在孤独无助中走向自灭。自杀现象在结了婚的职业女性群体中也不少，她们中有很多人也因为疫情失去了工作，回归家庭后，则专职照顾丈夫和孩子，操持繁重的家务等。同时，她们还失去了和同事、友人面对面交流的机会，这一切使得她们的压抑感无限增大。新闻曾报道过一位三十几岁的女性，就因自己感染了新冠而自责，她担心已经把病毒传染给了家人等，心理压力一天重似一天，陷于孤独之中，终至无法排解而自杀身亡。而新冠疫情长期化还带来了另一个副作用，那就是"家暴"行为的增多，这让受害女性更加不堪重负，陷入无边的孤独无助之中，于是，选择自杀解脱的人自然也就增多了……

2020 年 9 月 16 日上任的菅义伟新内阁当时曾给全体国民画出了一个也可以说是奋斗目标的将来的整体"社会像"，那就是"自助、共助、公助和绊（羁绊、纽带）"。然而可惜的是，第一个"自助"就很难实现，因为受新冠疫情长期化的影响，日本国民的自助努力已经达到了极限。至于"共助"和"绊"，"自助"都没辙了，又何以奢谈"共助"和"绊"呢？那么，剩下的解决办法就只能是依靠政府的"公助"了，而这个"公助"实际上也就是指政府针对社会弱势群体的根本性的对策。但是，总务省 2020 年 8 月发布的"劳动力调查"结果显示，制造业的就业人数与前年相比减少了52 万人，而厚生劳动省发表的"有效求人倍率"① 调查更是显示连续 8 个月处于持续恶化状态，这使得弱势群体的工作环境呈持续恶化趋势。这些白纸黑字的数据，又怎能让人奢盼"公助"，又怎能不使得日本人对前途感到渺茫，进而孤独感倍增呢？

---

① 指有效职位数量与有效求职人数之比。

当然，日本的孤独问题虽然在表象上也有经济等因素存在，但其实在深处更多的是文化方面的因素，是传统文化所累积的各种习俗、规矩和现代社会能够引发孤独感的种种因素相结合才酿就了日本的孤独社会现实。孤独，在日本可以说主要还是一个文化现象，它与英国的孤独现象是有着很大区别的。因此，要想解决这一问题，从文化根源上着手是关键的手段之一，可解决文化根源上的问题又谈何容易呢？

比如，日本人"不给他人添麻烦"的文化习俗，这可以说是日本人最基本的为人处世之道，也是日本礼仪文化的基础之一，像这种几乎根植于日本人骨髓中的文化习俗又怎能轻言改变呢？仅此一例，就似乎看到了解决孤独问题之路的坎坷，更不用说还有其他那些错综复杂、盘根错节的造成孤独的现实问题了。孤独大臣坂本在接受记者采访时被问到"作为孤独大臣，您个人对孤独是怎么看的？"时，他也回答道：我决定出马参选和落选时就感到特别孤独。孤独担当大臣都如此一言不合就孤独，更别提普通人那些难以言喻的孤独了。日本经济协力开发机构（OECD）曾就孤独问题对21个国家进行过问卷调查，结果是有孤独感的日本男性比例占据21国之首，日本女性则排在21国的第二名（第一名是墨西哥），这还不足以透射出日本孤独问题之严重程度以及解决孤独问题的难度之大吗？

小池百合子的狗与新冠时代的"宠物丧失综合征"

张　石

2021 年 6 月 23 日，距离东京奥运会开幕只有一个月，就在这样的关键时刻，一个惊人的消息传来，东京都知事小池百合子（68 岁）因过劳住院！消息一经传出，在东京都政府内外和日本社会中都掀起了轩然大波，因为小池不仅是彼时新冠"重灾区"东京都的顶梁柱，也是东京奥运会和残奥会的主角，这个时刻，她是不能缺席的。

小池百合子的住院，确实与她过劳有关，但是也有许多媒体报道，她也是因为失去了爱犬"小总"，心理受到了极大的打击。

"工作狂"小池与她的爱犬

本来都知事并不是一个苦差事，从最近几任的东京都知事看，石原慎太郎（1994 年 4 月—2012 年 10 月）一周上班一两次，悠哉悠哉；猪濑直树（2012 年 12 月—2013 年 12 月）一周上班三天左右，半做半闲；宣布每天都上班的舛添要一（2014 年 2 月—2016 年 6 月）也就是每周上班五天，但是小池知事面对的是新冠横行、国际奥委会（ICU）和日本政府"霸王硬上弓"——一定要举办东京奥运会和残奥会的严酷局面。

自从 2020 年春天新冠蔓延以来，除了周六之外，小池基本上每天都持续办公。从小池知事 6 月的日程看，除了 3 日（远程办公）、5 日、12 日、20 日之外，她都去了办公室。此外，她不仅去办公室，在家时也经常为工作和相关人士联系，人称"工作狂"，有时还要通宵工作。

但是也有数家媒体报道，小池实际上面临着另一种悲痛。小池百合子饲养了近 20 年的约克夏犬"小总"，在 6 月去世。

别看这只约克犬叫"小总"，这个"总"，可是"总理大臣"的"总"，是当过总理大臣的小泉纯一郎送给小池的。

小池百合子和前首相小泉纯一郎的关系可不一般。2003 年，小池百合子首次成为大臣，就是小泉纯一郎提拔她在第一届小泉内阁和第二届小泉改造内阁中担任环境大臣。当时小池 50 岁刚出头，本来就是天生丽质，再加上穿着得体，可谓"万绿丛中一点红"，十分靓丽出众。小池担任环境大臣一直到小泉第三次改组内阁，并在 2006 年就任安倍内阁的防卫大臣。

小池百合子能够东打西拼，从大臣做到首都东京的知事，多亏了小泉纯一郎，听说她曾经和小泉纯一郎的关系十分亲密，非常关心独身一人的小泉纯一郎，还传她曾亲手制作充满感情的美味便当，送到首相官邸给小泉。据说他们俩差一点儿就结婚了，小泉的姐姐曾经说过：小泉如果和小池结婚就好了。究竟差了哪一点儿？不得而知。

对于小泉送给她的小狗"小总"，小池一直小心翼翼呵护。小总的陪伴也给了小池极大的安慰。约克夏犬的平均寿命在 15 岁左右，小总已经活了将近 18 岁，可见小池对它的细心照料和宠爱。

小池说：它每天早上都来打招呼。很久以前，我通过邮购给小总买了三个斜坡台子，方便让它跑到床和沙发上。它已经很老了，爬高很困难。有了这些台子后，它每天早上都会"蹦蹦蹦"地上床来叫醒我。（《小池知事的"宠物丧失"……她对本杂志上谈到对爱犬"小总"的深情》，《FLASH》6 月 24 日网络版）

小池自 2003 年以环境大臣身份入阁以来，一直以总理大臣的"总"字给爱犬命名，一方面表现她对小泉纯一郎的深情，一方面也表露出她想成为日本第一位女总理的雄心壮志。

爱犬小总一直陪伴她到 2021 年的 6 月。小池知事的母亲在 2013 年 9 月因癌症去世，小池在家里和小总一起给母亲送终。小池分秒必争忙于工作，在母亲在世时难以抽出时间陪伴母亲，那时小总就是年迈的母亲最好的陪伴，对于小池知事来说，小总就像女儿一样。

小池对小总的宠爱也是出了名的，2019 年 9 月 30 日，公益财团法人东京都兽医协会曾经发给她一张"表彰状"（奖状），表彰她对小总疼爱有加。

表彰状中写道："小总，16 岁。您长年来，把小总作为家庭的一员，倾注了深深的慈爱，在称赞您爱护动物的精神的同时，也祝贺小总的长寿，并加以表彰。令和元年 9 月 30 日，公益财团法人东京都兽医会会长村中高朗"。

接到表彰状之后，小池非常高兴，她在 2019 年 11 月 24 日的推特中写道："我家的明星在 11 月就 17 岁了，这是长寿！因为养育了长寿的狗，我得到了奖状！我真想给小总发一封感谢信，是它帮助我看护了母亲。"

小总去世后，小池只向几名与她非常亲近的工作人员告知了"小总"的死讯。人们从来没有看到过她如此悲伤，小池的家里，白天有女佣和事务所的人，但到了晚上，她只和小总"相依为命"。

晚年的"小总"得了肿瘤，小池是一个坚强的女人，但是小总的去世无疑给了她极大的打击。

日本的"宠物丧失综合征"

在日本，有一种症状被医学界称为"宠物丧失综合征"，至于小池是否悲伤到了如此的程度不得而知，但是在日本，这种症状确实广泛存在。

日本北里大学兽医系木村祐哉教授指出：丧失宠物后的严重悲伤反应有时被称为"宠物丧失综合征"。"宠物丧失综合征"一词在医学上可以定义为"因失去宠物而造成的精神和身体的不适"，但关于这个术语的使用在社会认识上褒贬不一，有的人认为这个术语可以提高社会对此症状的认知度，有的人认为这种状态不应该被放在一个简单的疾病名称中，也有人认为大众媒体对该词的运用包含歧视目的。为了分析表达的利弊，我们必须首先了解术语"宠物丧失综合征"的影响。

根据木村祐哉领导的团队的研究调查，如果与失去宠物相关的严重生理和心理症状持续 2 个月以上，则很有可能需要医生介入。在东京都和爱知县的动物火葬场发起的心理健康问卷（GHQ28）对用户的追踪调查结果显示：宠物死亡以后，37 人中有 22 人（59.5%）具有心理健康受损的风险。这个数据在两个月以后为 30 人中有 17 人（56.7%），4 个月后为 27 人中有 11 人（40.7%）。

在这种症候群中，经常会出现抑郁、疲劳、虚脱、关于宠物声音和形象的一时性的幻觉幻听等症状。

一般人会认为，不就是宠物吗？再养一只不就行了？

但是事情并非这么简单，宠物对于人来说，尤其对比较孤独的人来说，有不可替代的安抚作用，宠物虽然不会说话，但是有时会比人更能理解主人的心情。

记得我刚到日本时的一位朋友家里养了一只猫，这只猫似乎是朋友家女主人的影子，和女主人形影不离，女主人去田地里料理蔬菜等，它也跟在后面，后来这只猫太老了，每天只是睡觉。有一天它失踪了，后来朋友家的女主人找到了它的遗体，原来它悄悄地死在了田地里，也许是怕主人对它的离去感到悲哀，因此选择了悄然消失的办法，这真是生也深情、死也情深。

它的主人大为悲伤，我劝女主人说：再养一只不就行了？她擦着满眼的泪水说：不需要。

后来发生了一个奇迹，不知从哪里来了一只小猫，经常蹲在朋友家的门口，朋友家也开始喂它，它竟然像以前的那只猫一样，每天也和女主人一起去田地里。夕阳西下，一位扛着锄头的农妇身后跟着一只小花猫的景色十分动人。

朋友家的人笑着说：这可能是以前的那只猫的孙子，或是它的"转生"。虽然他们也很宠爱它，但是它一直没有"转正"，也就是成为朋友家登堂入室的"家猫"，其"待遇"也就是一直蹲在门口的"客座"，可见原来那只死去的猫还是不可代替的，它是这一家人永远的爱与痛。

据一位朋友说，她的一位朋友养了两只狗，有一只很乖，是"姐姐"，温良恭俭让，另一只是"妹妹"，性格不太好，如果主人对"姐姐"稍微好一点儿，"妹妹"就会嫉妒得发起脾气来。

但是有一天主人得了病，卧床不起。两只狗都非常担心，脾气不好的"妹妹"也变成了"乖孩子"，两只狗一同担心主人的病，面面相觑，寝食难安。

后来主人的病痊愈，两只狗深感安心，欢呼跳跃，一直不敢安心睡觉的它们开始补觉爆睡，一家安堵，其乐融融。

宠物虽然不会说话，但是有时会比人更能了解主人的心情，宠物主和宠物多少年来的陪伴，会使他们之间有一种不可代替的相依为命的感觉，一种难以言说的息息相通，而且宠物对主人有一种人所通常不具备的宽容，即使主人偶尔伤害了它，不管是不经意的还是故意的，它们都不会记仇，还会以一种始终如一的忠诚热爱主人。它们几乎具有作为心灵侣伴的一切优点，同时不具有人的背叛、欺骗、以眼还眼以牙还牙的报复以及离家出走等"恶行"，它们对主人的守望永远饱含毫无利害打算的深情，它们对离家的主人的等待永远像忠犬八公那样延伸到生命的尽头……

因此"宠物丧失症"的存在也完全是可以理解和不可避免的。

也许是因为对宠物深刻的理解和深情，在 2016 年的东京都知事选举中，小池的选举公约中有这样一条，就是完全取消"以杀死的方式处理流浪动物"。

新冠时代的宠物与人的关系

2020 年 12 月 23 日，日本宠物食品协会（东京）公布了 2020 年日本全国犬猫养育的调查结果（估计值），一年内新养育的猫犬总数约为 95 万只，比上一年同期增加了约 15%，这是一个显著的增长。该协会分析说，"由于新型冠状病毒肺炎的影响，有一种与宠物一起生活寻求疗愈的趋势"。

据调查，2020 年新饲养的猫约 48 万只（比上年增长 16%），狗约 46 万只（比上年增长 14%）。

在新冠时代，人与人的接触越来越少，长时期的口罩生活和人与人的隔绝，使人们脱离"三密"，追求"社会距离"，欢谈中充满了警戒，聚餐伴随着恐慌。新冠改变着世界，改变着人与人之间的关系。"紧急事态宣言"和疫苗都体现出对抑制新冠感染的极大的局限性。新冠时代的特征是距离的延伸，情感的疏离，人们看不到前景，口罩封锁着语言，孤独只剩苍白一叹。

而从上面的数字看，人们越来越倾向于向宠物寻求自我疗愈，大有逐渐向"鸡犬相闻，老死不相往来"演进的趋势。

而增加与宠物在一起的生活，并不都是消极的，我们饲养宠物，宠物也会教会我们许多，比如忠诚、宽容、至死不渝的友谊、纯情而没有任何利害关系的惦记。

但是人与人之间关系的长期疏离，也会造成社会心理上的孤独和断裂，对宠物的过度依恋，也会使寿命远远长于宠物的人们更多患上"宠物丧失综合征"，这个看起来似乎与新冠流行没有直接关系的事情，也许会演变为越来越深刻的社会问题。

3

规矩，
不是日式社交
的全部

千万不要给日本人送重礼，他们会寝食难安的

万景路

在日本住久了，就会发现日本人好像一年到头都在送礼。以个体为例，从小到大，像出生、七五三【指日本孩子在三岁（男女）、五岁（男孩）、七岁（女孩）举行的祝贺仪式】入学、成人、就职、结婚，乔迁、患病、死亡等都需要送礼。此外，还有群体性质的送礼，如中元、圣诞、岁暮（指元旦前孝敬长辈以及感谢对自己有过关照的人）等。

若较真起来，现代日本人每年从 1 月到 12 月，差不多月月都有礼要送。礼送多了，时间久了，自然也就形成了各种送礼的习俗、规矩乃至禁忌等，而且针对具体的送礼理由、对象，还形成了诸多在礼品包装、用语、仪态、时机等方面约定俗成的规范，这一切相叠加，渐渐就形成了我们所说的"日本的送礼文化"，日本人自称为"赠答文化"。

你赠我答成文化

早在远古的农耕社会时期，日本就已经有了把丰收的农作物或采摘的山产品互相赠送分食的行为。日本礼仪专家认为：早在远古时期，日本人就已经确立了"赠答"乃为双向的关系，这就是日本赠答文化的起源。到了平安时代，由中国传来的"唐物"，如香料、染料等，成了贵族间的赠答用品；幕府时期，"唐物"赠答品又升级为茶叶、绸缎、书画艺术品等高级物品。室町幕府时期，政所执事大佬伊势贞亲写出了《伊势贞亲教训》，其中在礼仪部分明确指出：接受礼物后需要向对方回礼。据说他关于礼仪的言论，对后世赠答文化的确立起到了很大的作用。这说明日本的"赠答"行为在那时就已高大上起来，渐渐开始有了文化的影子。江户后期至明治时代，赠答作为礼仪的一种，开始向庶民阶层普及，直至当代，形成了繁琐、讲究的赠答文化。

日本人之所以称自己的"送礼文化"为"赠答文化"，是因为日本人重视送礼的双向交流形式。我们说"送礼文化"，是重视一个"送"字，一些场合是不需要回礼尤其是当场回礼的，比如婚礼、丧事等。这在西方亦然，虽然在西方部分地区，新人会为参加婚礼的来宾准备"回礼礼品单"，来宾有需要回礼的，则在礼品单上圈定想要的礼品，然后签上名字，新郎新娘在日后把来宾圈定的礼品寄送过去，而非现场回礼。日本则不然，像婚礼、丧礼这种场合都是需要当场回礼的。这就是日本人强调"赠答文化"之缘由。"赠"即"送"，"答"则为"回礼"，而在这个由古至今的"赠"与"答"的循环中，就慢慢形成了日本的"赠答文化"。

只有"赠"而无"答"，日本人就不会玩了，这正如当年西方的情人节（2月14日）刚一传入日本，就让日本人既兴奋又不安。日本男人为情人节而雀跃，但又为不能马上回礼给女性而烦恼，因为他们不知道自己心仪的女性是否会给自己买巧克力，就不能兜里揣着礼物时时等着女性给自己送巧克力以备还礼，那万一没人给自己买巧克力，不是既浪费了感情又浪费了金钱？直到日本商家琢磨出了给女性回礼的"白色情人节"（3月14日）传统，才让日本男性舒了一口长气，可以大庇天下"男士"俱欢颜了。日本人自豪地强调，"白色情人节"是日本的独创，其实，那不过是商家为了商业利益，利用日本人苦于无法解决情人节有"赠"无"答"的尴尬所创的生财之道罢了。

赠答分形式，礼品有讲究

日本人送礼送到今天，大致已经形成了三种赠答形式。一是个人之间的赠答往来，如生孩子、结婚等。二是以家庭为单位的赠答形式，如中元、过年、入学、乔迁等。三是公司行为的赠答形式，如商家为了宣传产品，向顾客赠送新产品的样品或纪念品等。此类行为，表象上可以说就是"送礼"，无须回礼的，却也可以说是期待潜在回礼的一种形式。因为收到样品的客人试用后觉得效果好，兴许就开始长期购买该产品了，那这个回礼可就让商家赚大了。这让我想到欧吉桑（即日语中的"叔叔"）的故事，7-11 便利店为吸引顾客下载他们推出的扫码支付 App，推出了只要下载该软件，就可免费领取一个饭团的活动，一位欧吉桑就为了占这一个饭团的便宜下载了这个软件。但下载后却被盗刷了 40 万日元，这个"回礼"可就太大了。而且令便利店郁闷的是，他们并没有收到一毛钱的回礼，还要倒赔给欧吉桑 40 万日元，真是令人情何以堪。

日本人在送礼时，现金也就罢了，如果是商品，讲究就多了。比如像祝贺考上大学之类的，送一块手表对方就会很高兴，因为手表（日语写作"時計"）的发音与日本汉字"登庆""登惠"的发音相同，象征意义非常吉利。再比如去医院探望病人，一般以鲜花和水果为好，但送鲜花的时候就要注意，病房也许没有花瓶，因此，送鲜花时要附带花瓶一起送去。可见，日本人送礼，要考虑到方方面面方可行动，否则就容易闹出笑话，甚至影响到双方的友谊。此外，日本人非常重视包装，这一点我们从日本商品那些精美的包装上早已深深领教了，在送礼时，如果送的礼是自己亲手精心包装的，那效果会更好，只不过手工包装的讲究、技法太多也太复杂，现在的年轻人已经基本不会了。

赠答有禁忌，送礼看时机

日本人送礼的规矩、禁忌既多又繁琐，一不留神就会出大错。像冠婚葬祭这类赠答，按日本人的习惯，基本都是以现金的形式进行的。这里面的说道也有很多。比如封包（装钱的信封）上的水引（指用来捆扎封包的花纸绳），一般喜事用红白或者金银色，丧事则用黑白、蓝白色，而且根据用途不同，纸绳的结法也完全不同。封包里的纸币同样依照用途的不同，折法和纸币头像的朝向也都有着严格的规定，比如出席丧礼用的纸币，就要把纸币头像折起来，还要把纸币的正面反过来朝向封包的背面。一旦出错，就是非常失礼的事情。

此外，现金赠答时，还要注意奇偶数之分，日本人自古以来就把奇数视为幸运数字，如 3、5、7 等，但"9"字不算，日语"9"字的发音与"哭"字的发音相同，故而被日本人讨厌。

那么，为什么日本人会以奇数为幸运数字呢？这是因为奇数有"除不尽"之象征意义存在，意味着双方关系持续、永远不尽……而偶数则不然，不仅能除尽，而且日语里的"除"，汉字写作"割"，这个"割"（日语写作"割る"）又与日语里表示绝交的汉字"别"（日语写作"别れる"）音近。如此，偶数在日本不受待见也就"哪路猴头"（原来如此）了。尤其是"4"的日语发音与"死"字的发音相近；"6"的发音与"碌"（劳碌）字的发音相近，日本人就更是避之不及了。

出席婚礼丧礼，在服装上禁忌也很多，以丧礼为例。丧服穿到今天，以日本人的细腻、认真，对丧服早已经研究出了一整套的行为规范，比如，丧服应以黑色或薄黑色为主，但是在穿和服的前提下，丧主和配偶者可以穿白色和服。女性可以戴珠式项链，一般以黑色为主，而且不可同时戴两条，因为那象征着"悲伤反复重来"，不吉。手提包不可有金属拉链，所以一般以布制黑包为主。葬礼基本都是在佛前举行，因此，也不可带皮包，因为看见"皮"容易让人联想到杀生。鞋子当然是黑色的，但以不带鞋带的鞋子为好，领带也一定要是黑色的。而学生、幼儿园儿童如果有校服或幼儿园服，则可以穿学校和幼儿园制服。警察和自卫队员也可以穿制服参加葬礼，但应把军章等摘下。总之，规矩多多，经常看到日本人的葬仪场面，那简直就似一场严肃的黑色制服大会。

如上所举的看望病人的例子，看似小事，其实也有很多避讳，比如病人刚住院或者刚做完手术，无论是身体还是心态都在不安定状态，因此，日本人一般会选择在病人住院一周左右后再去看望病人。如果是买花去，还要注意不能买菊花和彼岸花之类的，因为菊花是丧事装饰用花，彼岸花虽美，却是开在彼岸奈何桥畔的象征阴间的花。

赠答无所求，心中"绊"常在

日本人在礼下于人时，并不一定是有所求的，他们更多的是在意一种心情、心意的传达。日本人对所有人一视同仁，有所求无所求都会表示一下心意，哪怕是一块点心、一条手帕，他们在意的是与对方产生一种精神上的共鸣，或共同感受分享某种成功的喜悦，或感受对方对自己怀有的谢意和请继续多多关照的一种期冀心情……不过，这样做也涉嫌只重视形式，就如中元、岁暮给父母及长辈送礼，现在的日本年轻人已更多把这看作一种形式上的东西，而忘记了其中蕴含着的对先祖、父母亲人的传代之情、养育之恩，或者说压根儿就不知道为啥要这样做。

日本一些有识之士也认识到了这个问题，比如日本有个"赠答文化协会"，该会工作的着力点之一就是宣传、教育人们不忘初衷，认识、理解赠答文化的内涵，以期让人们明白，赠送给对方的礼品，无论贵贱，那是有一份赠者重视对方的感情在内。以此举动，希望对方在开心的同时也能感受到赠者的善意，从而使得双方的关系更趋于紧密、和谐……这样说起来，我们也就可以看出，这种以送礼让对方"念好"的行为，潜意识里是与日本人一直念兹在兹的"绊"（羁绊、牵扯）有着很深关系的。而正是这种由赠答行为而体现出的家人、友人之间无法切断的联系、情谊和纽带，才使得人与人之间有了剪不断理还乱的羁绊、牵扯，从而维护了日本人的"义理"情结。

赠答要花钱，智慧解尴尬

最后再聊聊在日本送礼的额度问题。以参加婚礼为例，以奇数为标准。一般来说，参加婚礼因为要出席宴席，还要领受新郎新娘准备的"回礼"，通常以一个人3万日元的随礼为标准，如果是夫妻一起去，则以5万日元为好。而新郎新娘给来宾的回礼则以3 000日元到5 000日元不等的点心或日用品礼品盒为主。庆祝乔迁之喜或者祝贺升学则以1万日元为正常。至于自己搬家给左邻右舍送礼，这种情境主要是因为要认识一下四邻，而空手冒昧登门有失礼之嫌，故以搬家会产生声响惊扰四邻为由，拿上一条毛巾或一块香皂之类的上门拜访、认识一下。这也是日本人自古而来的智慧结晶，因为他们自古就传下来了"三轩两邻"的搬家送礼范围，即对面三家、左右两邻可也。以上是指"一户建"①的情况，而如果是公寓，那通常就是上下左右邻居即可，再大方一点的，一个楼梯口的所有住户一家一条毛巾，就足以让日本人欢喜了。

　　记得笔者在搬家时就曾被日本人整蒙圈过。那是笔者在日本第一次搬家后，小区互助协会的会长带着一箱24个装的罐装咖啡登门拜访来了，曰："这是小区所有人的心意。"笔者当时就蒙圈了，搬家前调查过，本小区共有约500住户，如果要家家回礼，哪怕是一家一罐咖啡，就是500罐，换算成日元，那就是差不多6万，这让初来乍到的笔者心里相当抵触。这时就能看出日本人精于赠答行为的妙处了。经一条

---

① 指独院住宅。

毛巾"贿赂"，对门的日本主妇热情地告诉我：你要一家还礼一罐咖啡那就"赤字"了，最好是买一两盒点心放到小区集会所里，表明"兄弟初次下海两眼漆黑，请多多关照"，这就万事大吉了。听人劝真省钱，果然照此办理一次就过。

笔者也曾经和公司同僚一起去日本同事家做客，记得当时她家准备的是日式清水涮锅，简单、热火。咱是中国人呀，吃了人家的觉得嘴短，就在家准备了丰盛的一桌大餐，结果请我们吃饭的日本人来我家吃过后，一直惴惴，常曰：那样的大餐，真的承受不起呀。买菜、制作、餐后收拾，要花多少时间呀，真是过意不去。看得出，她确实过意不去，所以一直到现在，也总觉得欠我什么似的，关系发展到怪怪的。

所以说，千万不要轻易给日本人送重礼，这会让他们寝食难安的，生怕你有什么目的。好一点的，把东西退给你，关系在表面上维持"外甥打灯笼"格局；差一点的，自此与你疏远，见你像见如蛇草绳，避之不及。

日本生活二十年，我所学到的"日式常识"

唐辛子

2018 年刚入秋，大阪就经历了一场 25 年来最高级别的超强台风。台风刚刚过去的下午，我家的门铃就响了，出门一看，只见邻居的一对年轻日本夫妇站在我家门外，郑重其事地给我鞠躬道歉，说他们家的阳台被吹坏，掉落在我家院子里，实在是"太给你家添麻烦了，很对不起"。又说他们会马上联系工人尽早前来打扫。接下来的两天，日本邻居请来的维修工人都在我家后院进进出出，搬运被风吹毁的木制阳台残骸。

事发几日后的早晨，我的日本邻居又来按响门铃。这次送来了一盒"国产苹果奶油莎布蕾"，说坠落在我家后院的阳台残骸他们已经收拾整理完毕了，这么多次进进出出我家院子，真是太过打扰，所以送来一盒点心表达歉意。

"太给您添麻烦了，非常不好意思，谢谢您！"邻居站在大门前这样跟我说话时，我扭头瞧了自家的后院一眼。因8月回国半个多月，我的后院早已杂草丛生，而我的日本邻居不仅是将坠落在我家后院的阳台残骸撤走了，还顺便帮我拔掉了后院里的大量杂草。其实我才应该对邻居说"谢谢"。

2018年年初，我在翻译一本书，书中有许多俳句，为此想找一位对俳句有研究的老师请教问题，就想到了大久保先生。大久保先生是庆应义塾的历史老师，爱好广泛，知识丰富。我试探着给大久保先生写了一封邮件，告诉他我正在做的翻译工作，有些俳句不是很懂，问是否能获得他的帮助。写邮件时我想：如果大久保先生有时间指导我，我就买一本同样的日文原版书寄给他，这样便于他回答我的问题。结果，大久保先生很快回信了，说："已经买好了一本同样的书，你随时可以提问。"

至今，我已在日本生活二十多年了。如果要总结这二十多年在日本生活的心得，我会说：我学会了社交中的各种"日本式常识"。日本人与人交往，一是讲究不给人添麻烦，二是要求要有"思いやり"——即为别人着想的体谅之心。我的日本邻居以及大久保先生的做法，就是体谅之心吧。而"不给人添麻烦"的日本社会常识，正是建立在"体谅之心"这一基础之上的。

体谅之心，日文写作"思いやり"。中日字典里译作"同情心"。但中文里的"同情心"早已经失去了最初的含义，更多的是表达对不幸的怜悯，演变为强者对于弱者的姿态。而实际上"同情"的初衷，我想应该是"我心如你心"的同理心，是站在对方的角度看待问题，从而拥有与对方相通或是相同的情绪，由此才能产生"同情"，也就是共情。

这样的认知，是我跟我家女儿学到的。女儿上小学二年级时开始学习写日记。有一次看完我给她买的一本写给低幼儿童的日文版《菜根谭》之后，还不太会写汉字的她，用日文假名写了一篇这样的日记：

8月11日火曜　くもりときはれ

わたしはしょうかいすることばは「思いやり」です！

ことばにとって一番だいじと、本で書いてありました。

このことばは「じょ」ともよぶそうです。

かん字では「恕」と書くそうです。

「如」といういみは、にているおなじようだとのごとしです。

「心」は、こころなので、「にているこころ」だと思います。

だから、みんな！「思いやり」をわすれないでね！

もちろん、「恕」もぜったいわれないでね！

中文大意为：

8月11日　星期二　多云转晴

我想介绍的一个词，是"体谅"。

书上说：这是一个非常重要的词。

这个词也可以读成"JO"，

写成汉字就是"恕"。

"如"的意思，就是"如同""相似"的意思。

下面加上"心"字，我想就是"相似的心"的意思。

所以，大家不要忘记了"体谅"，

当然，也绝对不要忘记"恕"。

因为小朋友的日记，我好奇地翻看了那本儿童版《菜根谭》。在第 60 页，有两行大字这样告诉孩子们认识"恕"这个字：

「恕」ということばは、「思いやり」という意味。

人として一番大切なものは、恕（思いやり）。

中文大意是：

"恕"这个字，就是"体谅"的意思。作为人最重要的东西，就是"恕"（体谅）。

这是我第一次从不同角度理解"恕"这个字："恕"是一个"如"字加一个"心"字。"我心如你心"才是"恕"，而不是我高高在上恕你不死。"恕"就是"思いやり"，就是为他人着想的体谅之心。在拥挤的电车上被踩了一下脚，踩人的一方和被踩的一方都会冲着对方说"对不起"。踩人的一方说"对不起"，是表示"我不小心踩到了你，对不起"；而被踩的一方说"对不起"，则表示"我挡住你的道了，对不起"。这样的彼此歉意，便是"思いやり"，便是体谅之心。

送礼物给人时也是如此。中国人送礼，喜欢将自己认为最好的最有价值的礼物送人，只有这样才能表达自己的心意。为了表达对方在自己心目中的重要地位，还要说："这是我特意去为您买的礼物，找了许多地方才终于找到。"

而日本人送礼，即使是特意去买的，也要故作镇静，装出若无其事的样子，说："路过的时候顺便买的，不值几个钱的小礼品。"——日本人害怕礼物送得太隆重，反而会给对方平添一份心理负担，令人内心不安。因为按日本人的习俗，接受了别人的礼物，是一定要回赠的。礼物送得太贵重，回赠的礼物就不好意思太便宜，如此一来，反倒是给人添麻烦。也因此，在日本，一块肥皂、一条毛巾，都会成为礼品。不懂的人，或许认为是日本人的小气。而实际上，这份"小气"里，包含着日本式的体谅，也即"思いやり"。

新渡户稻造在《武士道》一书中，这样介绍过日本人的"礼"：

比如你没带任何遮阳工具在户外的烈日下行走，恰好遇到一位日本熟人，便与他打招呼，那位熟人脱下帽子——这当然很平常。可是，当与你交谈时，你会发现他收起了遮阳伞，跟你一起站在烈日中，这就是"不可思议"的做法，是很愚蠢的。可他这样做的理由是："你在烈日下，我很同情你。如果我的伞足够大，我可以和你一起遮阳。既然我不能替你遮阳，我愿意分担你的痛苦。"

新渡户稻造在书中所介绍的"礼"，便是"思いや

り"——典型的日本式体谅，也即日本社会中人与人之间的共情同理心。《武士道》写于100多年前，但百年之后的现在，日本社会人与人交往的这种共情同理心，并无太大改变。因为在日本生活的二十多年中，我无时不感同身受这种"思いやり"的存在。而入乡随俗后的我，在烈日下遇到没有遮阳伞的他人时，也学会了收起自己的那把小伞。

我的日本邻居们

唐辛子

我在日本搬过三次家。

第一次搬家是在爱知县内。我们从北名古屋市搬去车程15分钟的稻泽市。那时候我们在稻泽市买了一块地，建了我们在日本的第一幢房子。作为一个年轻的小家庭，我们的家具本不多，加上为了省钱，就并没有请搬家公司，而是自己去借了一辆货车，开着车在织田信长的家门前来来回回跑了几趟，就将家搬完了——稻泽的旁边就是清洲，织田信长的清洲城，就在稻泽我家附近。装车时，想到车程只要15分钟，我们想也没想，便将"家具们"赤裸裸地抓起来塞上了车，连厨房的锅碗瓢盆都懒得包一下，就这么叮叮当当地一路欢响着开去了新家。

如此简单粗暴的搬家行径令我的日本朋友敬子无比惊讶：

"唐桑，你居然连饭碗都不用旧报纸包裹一下吗？"

"这样也行？我头次看到有人这样搬家！"

这种搬家方式对我来说不算个事，但对敬子这类日本女性而言却非同小可。因此这事后来成了敬子的谈资，以"我的中国朋友唐桑是这样搬家的"为开头，被多次讲述。每讲一次，敬子都会大笑着点评一次。

敬子是我到日本后结交的第一个日本人，她家离我在名古屋的第一个住处之间还隔着一个公园，因此不能算邻居，只能算朋友。对我来说，真正意义上的第一个日本邻居，是三千世。

三千世的家，就在我家左边。从她家二楼卧室可以看到我家二楼书房的窗。我们搬去稻泽的时候，三千世也差不多在同一时间搬来了。那是一个崭新的住宅小区，每一幢房子都是新建的，入住的家庭结构也基本相似：都是年轻父母领着一两个上幼儿园或是上小学的孩子。这符合日本年轻家庭的习惯：日本的年轻人在新婚时大都是租房子过两人世界，要等到家里出现了新成员，才会考虑购房置地。

我们是三口之家，而三千世家是四口——丈夫工作体面，一儿一女聪明健康，彬彬有礼，是电视广告中出现的那种理想家庭。三千世是典型的和风美人，脸型白皙椭圆，说话语调轻柔，是令人向往的日式贤妻良母型女子，凡事都首先顾及他人的感受。这从三千世种花一事上就能看得出来。哪怕在自家院子里种花，三千世都不会种茉莉这类自带体香的花，究其缘由，仅仅只是担心从她家门口经过的路人，也许会有不喜欢茉莉香的人。"毕竟，"三千世说，"茉莉虽香，但并不是所有人都认为它好闻。"

与这样凡事为他人着想的三千世做邻居，无疑是极为幸运的事。三千世让我体会到：为他人着想，不仅是体贴，还是体面。体面即文明。居住在稻泽的日子里，我们一家和三千世一家，彼此体贴，相处得和睦愉悦。就连谁家做了什么好吃的，都会记得给对方家中送去一份。当时我家女儿刚刚上小学一年级，也非常喜欢三千世一家人，每天早晚上下学进出家门，见到在院子里忙碌的三千世阿姨，总要驻足大声问候，用清脆的童声愉快地告诉三千世说："三千世阿姨，您种的花真好看呀！"

几年之后，因为工作调动，我们从名古屋搬家去大阪。在搬家公司将家中的家具和打包好的纸箱全部运走之后，黄昏中我们开车告别稻泽的家。临行前，三千世抱住我大声哭泣，说："我会很寂寞的，唐桑。"我明白三千世的不舍，也抱住她一起落泪。我们都担心以后再也找不到如此情投意合的好邻居了。

至今我都和三千世保持着联系。先前我在稻泽家中的院子里种下了两棵桃树、一棵梅树，还有成排的雪柳，春天时，三千世会拍照片发给我看："桃树开花了哦！很美，可惜我的摄影技术不太好……唐桑有时间记得回来看看，别忘了这儿也有你的家。"每当这时，我就会特别想念名古屋，想念那些逝去的点滴时光。

我家在大阪的住处，在靠近大阪万博公园的千里山，是20世纪日本经济高度发展期开发的住宅小区，因此周围的邻居们大都比我们年长。跟长辈们相处，虽然无法做到像跟同龄人三千世相处那样情趣相投，但也另有一番温暖。

例如稻村先生。关于稻村先生，我曾经写过一篇介绍他的文章，标题就是《我的日本邻居稻村》。这篇随手写下的短文，后来被庆应义塾高中的老师翻译成了日文，用作日本高中的教学素材，还很意外地被收录进了中国的部编版七年级语文教材上册，成为中国学生们的阅读教材。这篇文章在网上可以搜索到，其中一段如下：

年过六十的稻村先生，在退休前一直从事葡萄酒的销售工作，曾多年常驻欧洲各地，因此不仅说得一口漂亮流利的英语，还弹得一手好吉他。我们这个住宅小区的地势，是一个缓缓上升的斜坡，我家在斜坡的中上方，而稻村先生的房子，则在斜坡的中下方，并且正对着我家二楼的阳台，夏天的时候，我站在阳台上可以看到稻村先生和他的"烧烤家宴"：他和家人朋友一起，在自己家的露台上烧烤，边喝酒边弹吉他，唱一些不知所云的歌——那完全不像一个六十五岁的退休老头儿的生活，倒像是一位十五六岁的少年在挥霍年华的模样。

65岁那年，稻村先生被查出有两处癌细胞扩散，必须去医院接受手术。稻村先生告诉我这件事时，我刚刚从中国探亲回到千里山的家。稻村先生将我不在时帮忙保管的信件交给我，并告诉我说他将要离开一段时间：

"也许是小别，也许是永别。"

"已经到了中期，所以它们需要修剪一下。"

稻村先生在说这句话时，做了个修剪的手势，语气轻松得仿佛在谈论他栽培的玫瑰。

在癌细胞被发现之前，稻村先生和稻村太太已经订好了环绕世界一周的邮轮船票，因此稻村先生只能带着遗憾开车将太太送至邮轮码头，请她独自一人踏上旅程，而自己则驱车去医院住院，接受癌细胞切除手术——日本的医院不需要家庭护理，一切交给医院的专业安排。而且按照日本的医疗保险福利，手术费和住院费，65 岁的稻村先生只需要负担三成。

稻村先生每年春天帮我修剪一次院子里的树木——稻村先生热爱养花种草，退休之后自学成才考取了园艺师执照。我知道这件事是因为，我刚搬家到千里山不久，便收到一封来自稻村先生的报价单——稻村先生通过那份报价单告诉我：他可以极优惠的价格，每年一次帮我修剪我家院围的树枝，甚至包括我家门前的那棵大松树。对此我当然求之不得。

稻村先生从医院出院之后的翌年春天，想到他做过手术，而且年事已高，我打算那年另外请人帮我修剪院子里的树木——但这个念头马上就被稻村先生否决了。刚刚出院半年多的稻村先生，当着我的面，爬上我家门口那棵大松树，边修剪松枝边高高在上地冲我喊：

"你看！我依旧精神得很！"

如今的稻村先生，已经年过七旬了，依旧喝酒唱歌，依旧会爬树，依旧"精神得很"。闲暇的时候，我们两家偶尔会一起聚餐。而聚餐总免不了要喝酒。多年的葡萄酒销售经验，令稻村先生说起欧洲各地名酒如数家珍，尤其几杯酒下肚之后，更是滔滔不绝。不过，稻村先生从不认为自己滔滔不绝，他觉得自己"非常沉默"，并且，还"非常纤细"。

与"非常沉默"并且还"非常纤细"的稻村先生不同，住在我家斜对面的高桥先生则非常文艺。高桥先生爱穿白色的休闲裤，以展现他始终修长的双腿。年轻时的高桥先生热爱音乐，曾经自己组建过一支乐队。年长退休之后，则迷上绘画。在我搬离千里山的前一天，高桥先生送来了他的手绘卡片，卡片上是高桥先生绘制的千里山车站以及图书馆。手绘画的下方这样写着：

我喜欢有坡道的千里山。爬上斜坡时，会想象从山丘上将看到怎样的街道？眺望到怎样的山脉？会吹拂过怎样的风？走下斜坡时，则眺望着那些道路的变化，以及家家户户院落里的树木与花坛，感受着季节迁移的喜悦。

黄昏时的景色也是极好的。一开始只有一盏灯孤独地点亮，接下来便是千盏万盏，化着暮色迟迟中街道的风色。电车乘着都市的灯光，滑行一般驶入车站。下车的人们褪脱去都市的光亮，替换上自己的街道、自己家中的灯光。

我将如此美丽的风景自豪地画成风景画，做成了明信片。

（A. Takahasi）

高桥先生诗一般的语言令我眼眶湿润。他所描绘的千里山，正是我感同身受的人文与自然。在搬离千里山的前一天，我们给左邻右舍每家的邮箱发了一份手写的卡片，感谢各位邻里在过往的十年多时间里彼此和睦相处，令我们感受到宁静与安心。我们喜欢千里山这片静谧的生活小区，并将在心里默默想念它。就像想念曾经属于我们的名古屋与稻泽那样。

乘日本的电车，这些潜规则你不得不知

张　石

日本是一个很讲规矩的国家，有些规矩是法律规定的，有些则是约定俗成的。这些"约定俗成"的潜规则，如果不知道，就会引起人们反感，有时甚至会引起一些争执，如人们经常乘坐的电车上就有很多潜规则。

在日本乘电车，有一些规则是大家所熟知的，如不能大声说话、吵闹，不能把垃圾留在电车上，不能在电车上化妆，不能打电话，短途电车上不能吃东西等。但是也有很多潜规则非常微妙，一般外国人是难以知道的，你如果违反了这些潜规则，有时就会遭到指责或白眼。

首先，在日本乘电车的一个潜规则就是尽量压缩自己而不是扩张自己。

有一次我在电车上看见两个人因为读报纸发生了龃龉，

因为读报人把报纸展开得太大，似乎是妨碍了旁边坐着的人，于是他遭到了这个人的指责。

在日本的电车上，读书看报是一种非常常见的现象，日本纸媒之所以经久不衰，还有许多发行几百万份的报纸，就是因为"上班族"中有许多人喜欢在电车上读报纸。

但是把报纸大大展开来读，无论是在拥挤的电车上，还是在很空的电车上，都会引起周围人的反感，你"哗哗"翻报纸的声音也会引起周围人皱眉。因此常在电车上看报纸的人一般都会掌握一种"缩小术"，那就是愣把4开大报折叠成32开的小纸，还能做到不影响阅读，折叠的时候也能做到静悄悄的，不会发出"哗哗"的翻报声响，这个功夫我来到日本二十多年也没有练成，因此现在一般不在电车上读报纸。

读报的潜规则就是：你可以在电车上看4开大报，但是你要把它折叠成不影响别人的大小，在拥挤不堪的电车上你不能看影响到别人的大开本的书籍，无论翻书还是翻报，都必须是静悄悄的，不说做到"鸦雀无声"，也要差不多程度。

再比如这样一种情况，一位身着长裙的美女上车坐了下来，她的长裙飘到了旁边的座位上，你无意中坐在了她的长裙上。当你知道后，可能会向她道歉，也可能会等着挨骂，但是多数日本人不是这样看的，日本人会认为错不在你，而在于她。

日本自由撰稿人桥本爱喜曾在网络杂志 *live door NEWS* 上发表题为"日本人在公共场合死守一人份的空间理由是什

么？"一文，他在文中说他曾做过这样的抽样调查："延伸到电车空着的席位上的衣裾，如果被人用屁股坐了，是坐的人违反了规矩呢？还是被坐的人违反了规矩呢？""结果在回答的 120 个日本人中，有 88 人认为'被坐的人违反了规矩'。"

桥本爱喜表示："除了笔者以外还有相当多的人也认为，在公共场合'不遵守只占据一人份空间的规则'的人是不对的。"

再一个就是随身携带的背包，你可以将其放在电车行李架上，也可以自己拿着，但是如果你的背包很大，就绝对不能真的把它作为"背包"背在身后，可以挎到脖子上放在自己的身前，这样才不会影响其他人在你身后走路。

我曾看到日本电车上的一幅漫画，一只小熊，背着一个大包乘电车，而它的包底下的另一只小熊被它的大包压垮在地，这就是告诉你一个乘电车的潜规则——大包是不能背在身后的。

在日本的电车上，无论在听觉、视觉还是嗅觉上，都不能让别人产生不愉快的感觉。你可以在电车上听收音机，用手机听音乐，但只能是让你一个人听见的音量，不可干扰别人。有一天我看到一位老者，义正词严地告诫一位年轻人："你的声音外泄了！你的声音外泄了！"这里的潜规则就是：你只能一个人去听，没有人愿意和你"共享"。

你自己上电车时的装束也要十分注意礼貌，不整洁的衣着也会引起人们反感。我曾在电车上看见一位很年轻、很漂亮的姑娘，对一位不相识的大大咧咧的大叔悄声而严肃地说：您裤子的拉链没有拉上，请快拉上。

那位大叔低头一看，臊得满脸通红，连忙拉上拉链，并低头哈腰向那位姑娘致谢。

当然，上电车前如果由于自己不整洁或喝酒喝得醉醺醺而带上了满身酒臭或其他令人不快的气味，周围的人也会离你远远的，避之唯恐不及。

其实这些电车上的潜规则，都体现了日本人传承已久的道德的核心，就是"不给别人添麻烦"。在公共空间，不是尽量放松、扩张，而是尽量收缩，占据最小的空间，以让更多人利用公共空间，再就是从视觉、听觉、嗅觉、触觉等各个方面不给他人带来不快感，不要在别人那里留下物理的和心理的障碍。你的礼貌是他人的愉快，你的谨慎维护着公德，只有这样，群体和社会的流动才能顺畅而愉悦。

挑选客人是一种傲慢吗？

库　索

　　似乎有定论，说日本人的拒绝是含糊的，尤其是京都人，常被演绎出各种段子，冠以言语暧昧不清的帽子。但在京都生活得久了，发现似乎又不全然如此，例如被邀采访，大阪人通常的撒手锏是"请容我们再慎重讨论一下"，多半就是没戏了，但京都人的惯用句式却是："劳您费心了，我们万万配不上。"带着几分自谦，却又拒绝得斩钉截铁，这便是京都人。

　　京都的鸭川上游河畔有一间由一对夫妇经营的咖啡店，由于店内狭窄，便想出来租借桌椅和野餐篮的形式，可以外带咖啡到河边享受咖啡时光，因此成了网红店。我在疫情之前去过几次，人多的时候在门外排着队等，店员和客人脸色都不太好。最近写邮件跟店主约采访，对方很快回复了，先是说这一年多以来因为疫情，观光客都不来了，但在此前，涌来非常多的人，完全应付不过来，常常疲惫不堪。又说真的是非常小的家庭咖啡店，原本的考虑就是打造一个邻里之间共享的空间，如果未来还是恢复疫情前的熙攘景象，无论是店内容量还是和周围邻居关系，恐怕都难以维系，将会走向不得不关门的局面。因此夫妇二人达成一致，拒绝一切面向海外客人的推广。言语间万般道歉，又道，但还是欢迎你继续前来喝咖啡的。这也是典型的京都人的拒绝，凡事有因果——在这个小城里，有些店并不享受做网红店，也不以赚很多钱和扩大规模为目标，它们表现出拒绝姿态，是因为只是想开一间很小很小的咖啡店。

　　采访居酒屋时也遇到过类似的情况。有一间传承到第三代的居酒屋，不光是海外媒体，连日本的采访邀约也统统拒绝，原因是：猎奇的客人来得多了，难免会给店里的熟客带来困扰，令他们失去安心喝酒的场所。还有一家荞麦面店，店主却是出于"我不会说英语，没有办法跟外国客人交流"的理由，拒绝了来自米其林指南的取材请求。回避宣传，维持仅仅7个座位的熟人关系，是它的经营理念。接受媒体报道从而提高知名度，慕名而来的客人络绎不绝，对这些个人或家庭经营的小店来说，并不是一件可喜的事情。在京都也有很多夫妇经营的餐馆，常会以"人手不足"为由拒绝采访，对他们来说，只是实实在在地埋头提供料理，招待好经常光顾的熟客，就已经竭尽全力了。这倒也不完全出于一种矜持，有位店主曾经跟我闲聊，说自己熟识的某家小店偶然上了电视，来自全国各地的观光客蜂拥而至，熟客不堪其扰，渐渐敬而远之，为了应付新的客人，店主又增加了店员，但风潮消散得比想象更快，一年后猎奇的客人就不再来了，只能遗憾关门。为了留住固定的客人，首先要维护熟客舒适自在的环境，这是京都小店的拒绝理由。

像这样被拒绝的经历，在京都的百年老铺里更为常见。深入追究，就会发现京都拒绝过米其林的饮食店不在少数，一些人为此感到多么荣幸，另一些人就为此感到多么困扰。世界上唯一荣获"米其林三星早餐"的老铺瓢亭，起初就是拒绝者中的一员，店主当时的理由是：讨厌评星带来的时喜时忧，讨厌一味追求表面的华丽，就算米其林指南带来了新的客人，也会搅得熟客们不安。至于店主为何多年后改变了想法又接受了评星，就不得而知了。但那些至今仍然拒绝米其林的京都老铺，有一点顾虑是共通的：正宗的京都料理店，不只是提供食物，同时要提供日式待客之道和深层次的饮食文化。经过了几百年时间沉淀的京都老铺最懂得这件事：局限于当下、利益至上主义的生意是不能长久的。这造就了京都人的一种实用主义。老铺的拒绝，出于一种衔接过去与未来的综合考虑：不能迷失于即刻的得失。

京都有著名的"拒绝初次到来的客人"（一見さんお断り）的文化，尤其在祇园一带，有些料亭门口会挂着"一見さんお断り"的牌子。京都每年有超过5 000万观光客前来，

难免有初来乍到者贸然闯入，被客气地拒绝，离开时仍然心有芥蒂，认为是京都人的高傲，对外人十分冷淡。我认识一位对此感到委屈的料理人，他诉苦道："我的料理，从食材挑选到调理方法，都有自己苛刻的讲究，我希望客人先听我的讲解，在完全理解这道料理的基础上再去品尝它。"因为语言不通，只好拒绝无法沟通的外国客人，是他拒绝的理由。这是另外一种意义上的责任感，不是只要盈利就好，而是希望客人理解料理和餐具的价值，由此享用到最好的一餐——这是京都人的一种服务精神，是一种"想要用最好的状态提供最好的东西"的心情，也是一种将店长期运营下去的最合理的手段。对于初见的客人，不知道对方喜好，也无法进行沟通，不能提供最好的京都式款待，是它们拒绝的理由。

实际上，如今很多"一見さんお断り"的店，只要语言沟通没问题，通过电话预约都能前往。但在祇园深处，仍然保留着另一种完全拒绝陌生人的店：花街的茶屋。这是一种可以提供艺伎和舞伎表演的店，很多人带着"难得来到了京都，想去茶屋玩一玩"的心情前往，结果吃了闭门羹。这是由于：按照京都传统的茶屋制度，招呼艺伎和舞伎的费用以及她们的饮食费、交通费等，通常都是由茶屋提前垫付，然后再向客人请款——这需要茶屋对客人有极大的信任感，因此拒绝没有信赖关系的客人也是理所当然。从前日本花街依靠"刷脸"建立起来的信用系统，今天在祇园的茶屋依然一抓一大把，这也成为它们拒绝的理由。

京都有一间惠文社书店，曾被英国《卫报》评选为"世界最佳十大书店"之一，成为文艺青年的圣地。一手造就它的店长堀部笃史后来辞了职，在京都市中心的住宅街里开了一间狭窄的小书店——诚光社，只有 19 坪①面积，用自己的方式精选图书，举办各种文化交流活动。他写过一篇文章，探讨京都人的拒绝："挑选客人是一种傲慢吗？"

他提及很多人说京都人"爱使坏"（关西方言：イケズ），例子之一就是"一見さんお断り"，凭此断定京都人"如果没有介绍人就跨不过那道门槛，搞得好像很了不起似的""京都人不知道顾客是上帝吗？""尽可能地应对更多的客人才是赚钱之道不是吗？"对此说法，他加以否认：绝不把客人视为上帝，比起暂时的赚钱，重视舒适的环境和服务的质量，才是京都的特色。而且，这种态度不只存在于祇园的茶屋和高级料亭，街市中的咖啡馆、居酒屋、唱片店和书店，都有各自的"一見さんお断り"的代表存在。

令他印象深刻的例子是出町柳的豆饼名店"双叶"，在全日本都很有名气，每天门前排着层叠的长队，人气爆棚，它的拒绝方式是：拒绝扩大规模，也拒绝增开新店；作为"京都的中华料理"代表店的"サカイ（sakai）"，有一道独家配方的冷面，在当地人和观光客之间都很有人气，它的拒

---

① 坪，源于日本传统计量系统尺贯法的面积单位，一坪等于 3.305 7 平方米。

绝方式是：不开发超市产品，也不在东京的高级食材店开设柜台，只有亲自前往店里才能吃到；位于河原町三条的传承到第三代的咖啡馆"六曜社"，有一道人气甜点手工甜甜圈，绝对不允许外带，它拒绝大量销售，希望客人们搭配店内的咖啡环境一起食用。

以上几家店有一个共同特征：不仅是观光客，本地人也对它们充满了爱戴与敬意，豆饼也好冷面也好甜甜圈也好，几十年来都以不变的味道和方式，向周遭的人们供应着，支持他们的日常生活。不把视线聚焦在遥远的观光客身上，因为反复前来的熟客对味道和氛围的细微变化十分敏感，店家的核心要义是：维持现状。这也是为什么疫情中的京都，很多面向观光客的店都倒闭了，而那些根植于当地街区的小店，依然能够如常运转。

堀部笃史从长年工作的惠文社辞职，独立经营诚光社，也出于同样原因，想要做一间会拒绝的书店。日本的书店业也不景气，新书书店一年比一年少，杂志销量连年低迷，读书人口也在不断减少，对于经营书店的人来说，卖书已经成为一个盈利很少的事业。为了维持经营，书店选择的道路，是兼营咖啡馆、生活杂货、文具用品和食品等，依靠图书以外的商品获得更多盈利。这样的结果是，伴随着惠文社越来越有名，全世界的观光客都前来打卡，像在京都其他景点随处可见的那样，站在店门口拍几张照片，买一些伴手礼，便心满意足地离开了。

"我还是想开一间以书为中心，能够进行文化传播的书店。为了实现这个理想，就要将其规模变得很小很小，不雇用店员，基本是自己和妻子两人打理。并且不通过中间商，直接向出版社购买书籍，尽量增加一些利润。店内不选择实用书和畅销书，而是精选趣味很高的文化和艺术书籍。"这间店开在御所东边的小巷里，哪怕对于京都人来说，都是一个很难被发现的地理位置。图书品种和地理位置在一定程度上会对客人进行筛选。"打造一定程度的门槛，从而保持书店的理想状态。拒绝大量销售，重视小规模持续发展，只陈列自己想卖的东西，这是一份很靠近情绪的工作。"堀部笃史说。结果，诚光社得到了一小簇真心喜欢书的、热爱文化香气的固定的顾客。"对那些专程跑来店门口拍照、购买纪念品的客人敬而远之，大概也是某种程度的'一見さんお断り'。我之所以这么做，并不是有多么高明的算计，而是出于从京都的前辈身上感受到的美学：比起扩大生意、规模化，每天不厌其烦地做同样的事情、持续提供不变的高品质的东西，是保持京都这个城市良好氛围的京都人的美学意识的下限，我被他们所推动，便选择开一间任性的店。"

最近我还看了一篇文章，提及拥有"中小企业之国"称号的日本，常被质疑"世界金融中心华尔街为何看不到日本企业家活跃的身影"。作者的结论是：华尔街流行的投资组合概念有悖于日本人的观念——投资组合经营的本质是"忘记过去的能力"，只要事态发生变化，就要果断地抛弃过去、转换跑道，这是日本人最不擅长的事情。美国金融人士的理念是"今后，往哪里去"，而日本企业家的理念则是"至今为止，是如何到来的"。文章说，对日本的企业来说，做生意这件事，和剑道柔道一样，是一种"道"，是过去与未来的衔接，这是它们开展事业的驱动力。不依赖投资组合，一心一意对应时间轴上的每一个变化，是日本企业的强处，化工企业"东丽"就是这种"一心一意"的代表选手，它的碳纤维几十年来一直亏损成为常态，但始终没有放弃，直到最近才终于开花结果——这一点，积极变换方向的华尔街企业做不到，只有日本企业才能做到。

说起"道"这件事情，我曾被我的花道老师拒绝了一次。我嚷着要插荷花，盐野老师给我写了一封长长的邮件，说道："557 年历史的日本花道，是一个不断学习不断复习的过程，即便这样，也依然不能完美地进行表达。这样深奥的东西，不可以将它视作速成之物。实际上我第一次插荷花，是在拿到了准教授资格三级的时候。"她在文末附上了东京一位花道老师写的专栏，"所谓花道的资格证，不是达到了一定水平的认定，而是可以学习下一阶段的许可。实际的内容，又比资格本身要难得更多。"那篇专栏里还写道："插花，不是为了观赏，而是为了了解草木的性状与生命，达到一种悟的境界。这是花道的根本精神。"

像京都人一样打出租车

苏枕书

京都市内道路狭窄，地下交通仅有南北、东西线，路上电车仅京阪、阪急、睿山电车、京福线等几条线路，大部分地方都只能依靠公交车。而京都公交车的种种不便，早为人所诟病，更是常听到本地人抱怨。尤其是在旅游旺季，清水寺、高台寺、祇园、知恩寺附近的交通要道——东大路，总是水泄不通，车辆完全无法通过。2018年3月末某日，我进城上韩语课，回来路上左等右等公交车都不来，便缓缓步行，走过四条大桥，眺望北面山色与流水畔的无穷花树，去祇园附近相熟的书画店小坐之后，继续散步回家。走到三条时，想搭东大路的206路回百万遍，不料左等右等仍不来，天色已晚，零星飘起小雨，便拦下一辆弥荣公司的出租车。

司机说想走白川通，不想走东大路，因为东大路游客太多。我说好。走过平安神宫前一段较为拥挤的路段，终于进入静寂的居民区。司机开始抱怨："外国人未免太多了，车根本开不动，东大路上的公交车全堵住了。"

我应道："是啊，本来我想搭206路。"

"是吗？那可真难办。206路走的那段全是景区，路又窄。"司机道："今年樱花开得太早了，往年四月初樱花开得最盛，今年三月底都谢了。那些四月来的游客，真是太可怜了。"

"是啊。"我望着窗外幽深的街景，车已行过东天王町，马上就到真如堂了。

"本地人也都在抱怨，游客这么多，我们出门特别麻烦。游客也很吵。"司机一口纯正的京都话，我不太清楚当时自己的口音有没有暴露，至少他知道我是外地人。

我漫然应道："也就是这三五年罢，旅游业突然发达起来了，和安倍的政策有关吧，要大力发展旅游业，从前也非如此。"

"可不是嘛！可真是大问题。我认识的好几家老店，因为竞争不过一些外面开的连锁大店，经营不下去，倒闭了。"司机絮絮叨叨，终于开始提到中国游客，"还有一些公司，专门做中国游客生意，也不正宗，但来的人特别多。真可怜啊，难得来了一次京都，却被带去那样的店。不过我不是很喜欢中国游客，太吵了。"

我笑了笑，也缓缓道："你说的情况倒的确有。真对不起，其实——我也是从中国来的。"

这一幕很像从前某次，与先生从周在北京打车。从周开口的几句还是很纯正的北京口音，故而上车后，司机一直当他是本地人，沿途用各种脏字儿数落了外地人。我们默默不说话，下车前从周忍不住道："真对不住您，其实我们都是外地人。"司机大为尴尬："啊——也不是说外地人都不好，也有好的，嗨！——"我们下了车，便也罢了，回想起来有些好笑。

这位司机果然也十分尴尬："这位小姐——原来您从中国来！是在读书吗？还是工作？不不，我是很喜欢中国的，我小时候最喜欢《三国志》，家里还买了书。我喜欢关羽。"

我笑道："哇，真好。我是在这里读书——您就在前面的超市门口停吧。"

雨已下得很大，我没有伞，想去超市买点食物，顺便买把伞。司机依然非常抱歉，很客气地打招呼告别。我想，他或许会跟人说，太可怕了，现在京都外国人越来越多。而且不单是游客！一眼认不出来，今后可不能乱说话了，真糟糕。想到这里，又笑起来。

最近几年，出门经常打车。也遇到过不少可爱的情形。2017 年夏天，赶去下鸭神社的古本祭①，司机问："今天下鸭有什么活动吗？"

---

① 即二手书集市。

"古本祭呀！"

司机很快活："哦哦！我想起来了！您是大学生吗？"

我说是。司机又问："几年级啦？"我照答。司机很活泼，猜了个岁数："那您今年，大概某某岁？"

我急忙摆手："怎么会！这可快三十岁啦！"

"啊啊，那可一点都看不出来。"他快乐地笑着，开始讲自己的事，"我呀，以前是土木工程专业的。毕业之后呢，干了跟专业一点关系都没有的工作。后来又开了公司，然后破产了。破产了可怎么办？不想东山再起了，出来开出租车。出租车开开还挺开心的，五年前终于把债还清了，更开心了，每天下了班都去喝酒。"

我听他的话也觉得开心，赞叹了好几句。

"小姐您喜欢旧书？"

"特别喜欢！"

"那可真好，您学什么专业？"司机又问。我也照答。

"您家乡在哪里？是京都人吗？"

听到这句我终于绷不住，或许是他在过度恭维我的日语，绝对当不得真，笑道："怎么可能……"

他也笑道："啊呀！这这，我是九州人，鹿儿岛的，萨摩！"

我道："我喜欢鹿儿岛，因为好喜欢笃姬。"

话说到这里，目的地也到了，我愉快地跟他告别。难怪如此爽朗，说是九州人就完全理解了，因为本地司机聊起天来往往更矜持一些，而且总是难掩本地人的一丝骄傲，断不会说出"你是京都人吗"这种话。

京都有不少外地来的出租车司机，有一回遇到一位福井的司机，聊了几句之后，他说自己是福井人。我说好极了，前不久刚跟丈夫去了福井，遇到大雪，吃了大螃蟹。这位司机开心极了，立刻换了非常有特点的福井方言："呀，小姐您真是太幸福了，雪天的螃蟹最好吃。我们福井，不仅仅是螃蟹好吃，其他还有各种各样好吃的。您下次一定要和先生再去呀，不仅在雪天，其他季节都好！"又说，"我喜欢鲁迅，有篇文章写得好好，叫什么来着，他和朋友去偷一种豆子，烤了吃，特别好吃……我读了也好想吃啊！"

我笑："是《社戏》罢，那个豆子，其实就是蚕豆（日文曰空豆），鲁迅写作罗汉豆的。"

"呀，竟是蚕豆！烤蚕豆的确非常美味。"

因为路程往往很短，像这样的聊天，总在一个很合适、丝毫不觉冗长啰唆的节点戛然而止，真与所谓的"一期一会"意趣相合。

还有一回从家附近打车去便利堂。上车后，给司机看手机地图："我想去这里——便利堂。"

京都人提及字号、寺庙，都会敬称"某某さん"，因此我说的自然也是"便利堂さん"。他研究了一会儿地图，明确了方位："是在新町通上、丸太町通以下、竹屋町通以下、夷川通以上吧。"我仔细看地图，连连说是。京都人的方向感，以往南为"下"，往北为"上"，因为自古以来，平安京的宫城坐北朝南，其东为"左"，其西为"右"，南方为"下"，北方为"上"，这也成为京都人最核心的方向感。我虽早已知道此点，但除了几条交通要道之外，并不熟悉一些小路的名称，很难如此准确地报出方向。

司机出发后不久，问道："便利堂是什么地方？"

我解释道，是京都一间历史悠久的美术印刷出版公司……但显然我会错了司机的意思，他打断道："我开车几十年，第一次听说乘客要去这里。"停了一会儿又道，"小姐是外地人吧？其实京都人打车，很少说明确的目的地的。而会说，在某条路上，具体是某条路以上，某条路以下。等到附近的时候呢，往往会说，就在前面某个路口停吧。很少说自己到底要去哪儿。除非是要去大学、大商场、医院，这些特别一目了然的地方。比如你可以说，我要去京大，我要去高岛屋，这是没有问题的。但若你说，要去便利堂，这是不对的。"

我洗耳恭听，一脸"原来如此"的表情，连连道谢。司机道："我们京都人打车有自己的方式，如果要像京都人那样的话，出门打车就得熟记每一条道路的名字。小姐来京都多久了？下次不妨试试。"

好在便利堂不算远，我也没有被教育太久。到了店里，与一位相熟的姐姐道："刚刚被司机教育，如何像京都人一样在京都打出租车——京都人果然都如此打车么？"她是宇治人，常说自己不是京都人，是"外面"来的。她听后笑道："可别理他，也不是每个司机都是京都人，很多司机自己都记不清道路名呢。"又笑，"好过分，谁说我们便利堂不能像高岛屋一样有名啦？下次打车我也要直接说便利堂，就当是宣传吧。"

这是很有趣的经历，倘若读者诸君在京都打车，不妨也试试这位司机说的"上下方位法"，也许会得到京都籍司机的格外青眼。

何为京都人的规矩

苏枕书

　　中国游客在日本如何不守规矩的叙事，这些年讲了太多。嗓门大、插队、擅闯私人庭院拍照……不论日本媒体还是我国媒体，各种角度的阐释，大概早已说了个遍。以此为题材的电视节目或者新闻报道，往往能引起日本人和中国人的共同兴趣。前者深表共鸣，后者利用的场合更广泛，可以借此批判"国民素质""国民性"，可以反向赞美日本的素质和"规矩"，可以唤起大众的"耻辱感"和尊严，提醒大家注意自己的言行。总之，是一个能够多角度利用的好话题。

　　我不反对讨论这个话题。从前住在银阁寺前，也不曾少见同胞游客攀花折枝的情形，忍不住投以训诫的目光。当然，被指责的不仅是中国游客，在京都人眼里，外地人都不太懂规矩，外国人更不懂。早些年旅游政策没有放宽时，少数中国游客的买买买行为令他们感到异样，带着揶揄、讽刺……很复杂的心情，评价中国人的"爆买"。后来中国游客数量大增，可以批判的话题也更多。"规矩太差""缺乏教养"（マナー悪い），和"很困扰"（困ります）一样，是日本人比较喜欢挂在嘴边的一句指责或者抱怨。在批评游客的行为时，常常配合使用。

毒舌的京都人甚至还发明了"观光公害"一词，指责观光客对京都本地居民日常生活带来的骚扰。一方面日本政府要通过大力推广旅游拉动经济，另一方面又无法照顾京都本地居民的利益和需求，配套的基础设施和人员设置也不完备，由此出发倒不难理解本地人的怨声载道。

"行政机关和旅行社事先应该给游客好好教教文化还有规矩。"新闻上，经常能看到京都人这么说。这种心情很好理解，尊重和理解当地人的风俗习惯是旅行者的基本道德。我去某地旅游，倘若对那里一概不知，也会觉得很紧张。

但京都人的要求显然比这个更高，"文化和规矩"，很是居高临下，仿佛不考个"京都观光文化检定资格证"（2004年起，京都商工会议所主持的资格考试，日本各地都有，但应考人数逐年锐减，有些地方已经不再举办），就没资格来京都旅游似的。那到底什么是日本的"规矩"，或者什么是京都的"规矩"？除了那些最基本的、现代社会的人类都要遵守的"规矩"（不插队、不乱扔烟头……），还有什么？

多年前，曾帮国内一家美食杂志采访京都本地人喜爱的饮食店，找到一家口碑很不错的小店，打电话过去说了我们的意图，请教能否接受采访。对方是一位方言很重的京都老人，一听"中国的杂志"，立刻激动道："我们不接受中国杂志的采访！我们不需要中国游客来吃！已经有很多中国客来了，还有韩国游客，声音又大，乱扔东西，完全不守规矩！"

如此露骨的偏见，近乎种族歧视。面对这番言论，我也只好说，抱歉抱歉，打扰您了，我们就不采访了。

对方显然找到了宣泄对外国游客特别是中国游客的偏见与不满的好机会，对我收不住批判的激情："中国人是最不懂规矩的！进店哇啦哇啦，坐下去占好多地方，吃东西老是会剩下，吃完也不走，纸团扔地上，收拾起来特别麻烦。我们最怕接待中国游客！"

我说："是是，您批评的现象的确都有，实在对不起，我们的电话打扰您了。"我也想迅速结束对话，后来他的夫人似乎在旁边不断制止，又远远地说了几句抱歉，这通电话才算结束。回想起来，也算是后来"观光公害"的先声。

不过事情并没有结束。又过了几天，突然收到了这位老板的电话，说是已经看了杂志社寄去的样刊。原来报完选题之后，杂志社已向我所提议的那几家餐馆寄去了杂志。我以为要被骂不懂规矩、擅自寄送出版物，结果却是："实在对不起您！前几天在电话里对您说那通话，当时已经被我老婆骂了。后来想想，也有点后悔，毕竟不是您的错，中国那么大，人那么多，什么人都有，我怎么能把那些话都对您一个人说呢？实在太对不起了。昨天我们收到了杂志，真是漂亮、了不起的杂志啊！虽然我们看不懂中文，但也知道这是水准很高、很用心的美食杂志，甚至比不少日本杂志都出色。我很后悔，那天那么草率地拒绝了您，还说了那么多失礼的话，请您原谅。如果有机会的话，以后想接受贵刊的采访。"

就这样结束了。虽然我可以理解他的抱怨，但后来从来都没有去过那家店，担心自己没守好规矩。有他之前那番吐露的真心，也觉得后怕。京都这么大，还是可以不去打扰他。他的偏见与愤怒，我们其实并不陌生，"某某人最不懂规矩！"那个"某某"，换成另一个国名或者地名，也许我们都有过类似的言论——我当然也有过，因而格外提醒自己，不可随意伤害别人，不可无意识地发表歧视言论。

不过，更丰富的信息与经历、人与人之间更多的交流与碰撞，可能也会改变偏见、消解愤怒，这是很动人的过程。

一次，真如堂的司花师傅省吾找我吃饭，下半年太忙，我们都没有见几回面。问他最近在忙什么，他说在准备寺庙的新年用花，梅花、南天竹之类尚好进货，竹子太贵，就开车去山里砍。

"开了好远，一直去到美山町。你知道那种矮竹子吧？过年常用作装饰的，叶子宽长，镶一圈白边，一般树林里都会生长。"

我有点好奇："你们寺庙在美山町有山？"

他神秘一笑，压低声音："那不是我们的山，但每年我们都去那里砍竹子。"

"私有山林？这会违法吗？"我立刻问。

"严格意义上也许吧，但是其实还是有很多暧昧地带。我们尽量到遥远的山里去，一片山林少砍一点，多去几个地方，也给别人留一点。"他说，"一大早就得去，要砍一整天。有些林子里矮竹子非常多，其实完全够我们用。但不能砍得太明显，要像，怎么说呢，像给植物通通风一样，稍微砍一砍。"

"太不可思议了，这样真的不要紧吗？"我仿佛比京都人还要京都人，连连追问，"不会被发现吗？不会有人生气吗？"

"在我们南丹老家，山上不种大树，只有些竹林、灌木、藤蔓、山菜，一草一木都金贵。要是有人来我家山上砍竹子，我爹发现了，也是要骂的。所以我们不能去这样的山里砍竹子。美山町那边山里多巨木，当地山民的收入主要靠生产木材，人们也不那么在意山菜、矮竹子这些。因此多年以来，我们约定俗成似的，就去那边砍竹子。有几回砍完了，站起身发现，对面停了一辆车，也是来砍竹子的。大家也不多说什么，点点头，心照不宣。"

我觉得难以想象。身边有极守法的师兄，我们一起去爬山，路上拣根树枝，他都会研究行为是否合法，是不是可以带走。我摘覆盆子，他也要说，其实这是私有林。在这样的教化之下，我想我应该是很守规矩的了。

"其实我们很随意的，更像是遵行某种习惯法。按照习惯去某座草木丰盛的山，以不损害当地人利益、又能满足自己需求的方式取得所需要的物资。"省吾道，"有一年全京都的竹子都开花枯萎了，过年没有竹子，我们一直开车到了长野深山，也用这样的方式砍回了竹子。"

"我明白了。就像到了秋天大家都去山里捡栗子一样，虽然山林是别人家的，但只要别人不禁止，也是两相默许的美事。主人家不需要通过栗子盈利，进山捡栗子的人也不为得了栗子去卖，只是自己尝一尝野味。这就是共享山林馈赠的可爱的事了。"我道。

他点头笑："我看你紧张坏了，其实京都人也不都那么苛刻。大家共同生息在这片土地上，总有一些暧昧的共享区域。"

省吾的话是对"京都规矩"的反叛与矫正，比我的观察更具说服力。很多时候，订立苛刻的规矩，是原有住民对既有秩序的守卫、对外来者的防范。原有住民自己未必都遵守这些规矩，但因外来者的存在，这些规矩得到强调，原有住民也变得更富凝聚力。

这并不是京都人第一次痛斥外地人不懂规矩，川端康成早就说过战后京都失去了原来的宁谧优雅。但京都真的有可能挡住外来人的脚步吗？当然不会。正因为古都有无穷的魅力，古往今来才吸引了或长居或短暂旅行的无数客人。至今，远离京都的乡村地区仍残留着一些京都方言，是古代的"乡下人"从古都带回的只言片语。外来的人固然带来了喧嚷与刺激，也带来活力与创造力。古都不是放在高级玻璃展柜里没有生命的纪念品，古都是金钱、人、物品、思想交流碰撞的、活泼的城市。虽然我自己事实上已充分接受了"京都规矩"的规训，但我坚决反对"观光公害"这样粗鲁的词语，也反对创造某种一成不变的"京都规矩"。

在美术馆里约会，是一种怎样的感觉？

刘 柠

人在东京时，什么都可以不知，但有几个地方是必须了解的，因为这几个地儿都是约会热点（Hot Spot）——如新宿东口的 ALTA、JR 涩谷八公口的八公犬塑像、新桥站日比谷口的蒸汽机关车、六本木新城的大蜘蛛雕塑等。我在那类地界没少约会，但更多是在书店，如新宿东口纪伊国屋书店、京王口的丸善书店、池袋东口的淳久堂书店、神保町的三省堂、东京堂猫头鹰店，等等，不一而足。

在书店约会有个好处，就是基本没什么心理负担，无论早到还是迟到，都不至于出现一方干等另一方的情况。加上有的书店，咖啡厅就设在画廊内，现磨手冲咖啡不是一般好喝，多半杯碟中还附赠一块精致的曲奇。说实话，一边啜咖，一边翻着新入手的卷册，有时候真恨不得让对方多迟到一会儿。也许是耽读书店悬疑小说的缘故，我看东京、横滨、京都等大都会书店里的书客，总禁不住想象其职业身份和趣味。东京有足够多的书店，光实体旧书店就有近千家。在如此景深繁复的舞台上，每天都上演着形形色色的约会与邂逅，其中有些还会有后续和结局，书店悬疑虚构创作想不发达也难。几年前，浦睿文化引进的《古书堂事件手帖》，煌煌四卷本，写的就是以北镰仓站前的旧书店为舞台发生的故事。不过，那间旧书店却是架空的。

除了书店，日本还有一种公共空间也适合约会，那就是美术馆。应该说，对文艺青年来说，没有比在美术馆里约会更文艺的勾当了。当然，除了文艺，客观上，还有一些特性，是美术馆"独占"的。

首先，是地理上的近便。日本大都市的美术馆，多位于车站周边，交通便捷，一般在站内都有清晰的标识。如大型美术馆比较集中的六本木地区，有多条地铁线路交汇，但无论你乘哪条线，一出检票闸口，去国立新美术馆、森美术馆或由安藤忠雄设计的 21_21 DESIGN SIGHT 美术馆，出哪个口，在哪儿拐，再步行多少米，一清二楚，参观者只需照箭头方向"按图索骥"即可，万无一失。

其次，是地点条件和人文景观绝佳。美术馆（Art Museum）和博物馆（Museum）的语源，是希腊语"mouseion"，原意为执掌学问和艺术的缪斯女神的神殿。中文的"美术馆"，亦源自日文，是明治时期日人对"museum"一词的翻译。语源如此，而现代的美术馆作为一种空间媒介，其链接的对象物，是艺术，直接关乎美。因此我们可以说，其他文化设施未必需要那么美，甚至可以不美，但美术馆则必须美，否则便不配称"美术馆"。这里说的美，并不仅仅指收藏和展示品，还是包括了美术馆的建筑及其周边环境在内的全部要素。换句话说，这"美"是对环境艺术的一项评价指标。大约十年前，我曾在《新京报》上撰写过《美术馆之国》一文（见拙著《中日之间》，中信出版社 2014 年 1 月版），大致梳理了日本近代以降，国家"美术行政"主导的、长达一个多世纪的美术馆发展历程：

至八十年代，已经没有无公共美术馆的地方自治体。不用说县、市，很多经济繁荣地区，甚至达到"一镇一馆"的水平，仅东京地区，便有近百所。很多地方的美术馆，是当地最豪华、最醒目的地标性建筑，不仅举办艺术展事，还兼具市民文化中心的功能。其建筑前的广场上，鸽子悠闲地觅食、漫步，少男少女音乐组合 K 歌、飙街舞。

就美术馆的生态而言，除了国立和地方自治体主导的公立设施外，还有企业和私人美术馆、画廊，形态可谓多元。毋庸讳言，馆廊如此林林总总，美术馆业界势必面临严峻的竞争。而何以在竞争中立于不败之地，环境艺术是一个必要条件。于是，各层级的美术馆除了在策展上竞合之外，也尽可能利用各自的环境特点，浑然天成地嵌入自然或城市的人文景观，作为"美的装置"，昼夜不停且年中无休地辐射影响力，拓展着美的外延。

当你在东京市中心大手町漫步，看到差不多一个半世纪前的红砖洋馆——三菱一号馆美术馆被周围高耸的现代写字楼环抱在中间的时候，不但不会嫌它规模小，过于袖珍，反而对经它装点过的那一片空间的历史沧桑感和像裸露的地层似的文化纵深感心存敬意。当你在东京国立近代美术馆观展后，走出馆内书店的自动玻璃门，再从停在前庭一角的面包车小卖店买一杯生啤酒（东京国立近代美术馆是日本少有的提供酒精饮品的美术馆之一），然后坐在木椅上，望着眼前一箭之遥的皇居和宫墙外的护城河时，会有一种强烈的穿越感：一部近现代艺术史竟与眼前的大皇宫重叠交错，且混搭得浑然天成，难分彼此。我每次去京都行脚，有一个必访之地，不是京都御所、二条城，也不是清水寺、金银阁寺，而是京都国立近代美术馆。看过全部展览后，我会走到四层的休息室，坐在漆成红色的巨大长凳上，隔着落地窗，俯瞰平安神宫的大鸟居和对面洋范儿高贵的京都市美术馆，白川静静地流淌，远处的山峦一片苍翠……我都忘记了在那儿约会过多少朋友，拍摄过多少照片。

在日本逛美术馆，还有一个重要的动力——书店。所谓书店，其实是美术馆附设的专卖店（Museum Shop），商品以与馆内展示内容相关的图录和出版物为主，也有一些纪念品和工艺品。图录因多为非公开出版物，无书号，价格比同类图书便宜得多。虽说是图录，但既有高规格印刷的图版，又有关于那个主题的相关解说，甚至学术论文，作者均为那个领域的顶尖学者，颇有学术和收藏价值。且图录的发行，仅限于画展的档期，属于"过这村，没那店"。如果若干年后再想找的话，便只有到旧书店里去淘，那可动辄就是珍稀本的价格了。如 2015 年 9 月，在东京永青文库举办的浮世绘春画展，因全部藏品来自大英博物馆，很多是首次在日本公开，观众趋之若鹜，不在话下。展览图录一巨册，标价才4 000 日元，绝对是物超所值。当然，除了图录，还有艺术图书，其专业性堪比艺术系书店，许多十几年前，甚至二十年前出版的、坊间早已绝迹的旧版书，馆内店仍在销售。我曾在以港口旧仓库改造的艺术空间、横滨 BankART 书店里，淘到过十数册《美术手帖》的过刊，每一册都是我积年寻觅的目标。对我个人来说，馆内店还是一个捡漏宝地：时常遭遇作家、摄影家的签名本。我先后在东京国立近代美术馆、东京都现代美术馆、东京都写真美术馆和横滨美术馆的馆内店里，买到过摄影家森山大道、荒木经惟、须田一政、北井一夫等人的签名本摄影集十余种，且那些全新签名本均按书的定价出售。我敢说，随便一本拿到旧书店，可轻松卖到两倍乃至数倍的价钱——捡漏云云，诚非戏言。

拉回正题——约会。客观地说，在美术馆约会，固然交通便捷，节省时间，可成本不菲。因为与欧美不同，日本的美术馆票价普遍较贵。即使只看某个企划展，也要 1 500 日元上下。而一张既可看常设展，又可看企划展的共通券，两三千日元也是稀松平常。再加上观展后的咖啡和"买买买"的话，一次约会的预算最少也不低于 5 000 日元。那么，问题来了：跟谁约？会女友的话，这点预算自然不在话下。可如果是一般朋友的话，那还真得想一想——即使不为自个想，也要为对方考虑，日本毕竟是 AA 制文化盛行的国家。不过，我全然不必顾虑这一层。因为，我在美术馆基本只约会艺术家和策展人朋友。艺术家自己也有定期观展的需求，无须客气。而策展人，是指那种供职于某个美术馆，作为"学艺员"从事艺术研究的专业人士。也是巧了，我在东京、京都和金泽这些被认为"好有文化"的城市，都有一些策展人朋友。跟那些朋友约的话，去他（她）们的美术馆，会友兼观展，不亦乐乎？更爽的是，有免费观展的特惠。我一般是提前约好，下午按约定时间过去，到目的地后打个电话，策展人朋友会带一个"Guest"（来宾）的名牌，连同最新企划展或特别展的图录一并交给我。然后，我观展，他（她）先回职场。待我看完展览和馆中店后，再次致电。朋友出来，我们再一起转移到附近的居酒屋，遂进入"夜间部"的节奏。

约会艺术家、策展人朋友，一年之中总有那么几次。而具体定在什么时间，一般要看艺展的档期。日本美术馆的策展活动，极富计划性，有些重要展事，因涉及从海外调运展品，并伴随运输、保险等巨额预算，往往是提前数年就定好的规划。各种艺术资讯，确保你不会漏掉任何重要展事。提前一年，各种艺术情报志或刊物，会告诉你翌年度全国重要美术馆全部展事的内容和展期。你要做的，只是根据自己的档期和荷包的丰盈程度，选择其中的"必需"者。当然，选择即代价：必需的背后，是不得不对大多数艺展"割爱"的无奈。

写到这儿，我倒是想到我所在的城市北京的状况。"帝都"与全国其他城市一样，在过去十五年中，完成了美术馆建设的狂飙突进，但在运营管理上尚未完全跟上。仅举一例：多年前，798 艺术园区内有一家我常打卡的画廊，拟举办日本摄影家须田一政的摄影展。提前数月，我就从官网和微信等渠道得到了展讯，翘首以盼。因我是须田一政的粉丝，写过关于"须田调"的评论，并收藏了数种摄影家的签名本摄影集，对此展是志在必观。可我发现展讯上未写展期的具体时间，只有"近期内"的模糊表述。于是，我隔几天就会看一下那间画廊的官微，看有无具体安排发布。如此，两三个月转瞬即逝。因为需安排一次出国旅行，而我又怕错过须田展，便致电画廊，确认展期。不承想，接电话的女生告诉我，他们也不知道何时才能举办。这让我真的困惑了：可……难道不是你们自己发布的办展通知吗？怎么会不知道呢？电话那头，女生抱歉地说，因为全部展品从日本海运过来，早就到了天津新港，但在海关卡住了。何时能通关，他们也说不好……

我在心里说，这就是不可抗力了。是的，不可抗力，或曰不确定性。如此状况之下，如何能期待本土的美术馆情报志列出未来一到三年内重要展事的计划。不如意事常八九，可与人言无二三——在一个不确定的时代，为文责计，我想还是暂不推荐本土美术馆的约会方案为妥。

"热"不起来的日本人

毛丹青

我一直觉得人的思维是有冷热之分的，所谓"冷"也许是一种自谦，不愿为别人添加不必要的心理负担，而所谓"热"就是非常阳光的那种，遇事宁可夸张几分，也要让现场的气氛活跃起来。

我曾得过一场重病，做了手术，住院将近一个月，体重减了 10 公斤。这期间分别有中日两国的学生来看我，我心里十分感激。中国留学生来的时候是这么说的："我今天打工请了假，专程来看您，还有这些补品，都是很好的东西，对恢复身体超好，请您慢用。"

几乎是前后脚，日本学生来看我时的说法完全不一样，他是这么说的："今天到这边打工，顺便来看看您，希望您早日康复。还有点儿小礼物，并不值钱，只是一份心意，希望您喜欢。"

如此反差大约只能用"热"与"冷"才可以区分吧。另外，还有一个类似的例子也能说明问题。

有一回在大学监考，发现有的学生作弊，一名中国留学生当场举手叫监考教员，并小声报告，指出了教室的第几排是谁作了弊，动作迅捷，两眼不揉沙子。教员按照发现作弊学生的处理预案行动，把该学生带出了考场，交给了考场外等待的教员。这事好在在全场没有引起混乱，时间依然静静地流逝。而完全是同样的情景也发生在另外一名日本学生的身上，当时的考试已经全部结束，但这名学生交给了我一张纸条，上面写明了教室第几排是谁作了弊，而且连示意图都画好了，画得很萌的样子。

不过，像考试作弊这样的事情，无论是谁，都必须在现场抓到才行，否则谁能说得清楚呢？至于日本学生是否知道这一点，我无从知晓，但有一点是明确的：日本学生回避了与作弊同学的正面冲突，把自己隐蔽起来，做了"冷处理"。

如果行动上有冷热之分的话，那么思维上必定存在着相同的定势。我还有这样一个不疼不痒的经历。

有一段时间，我家租过一幢两层小楼，二层的书房是双语写作坊，我每天都坚持写，没有停过，一层是个厅，有时也招待朋友。有一回，一位日本好友从海外旅行回来，说是为我们带了些礼品，开车送来，不占多长时间，他把车停放在我家院子的门口。进了客厅，我为他沏茶，聊天聊得很开心。可不多时，门铃突然响了，我开门一看，居然是个警察站在门外，虎背熊腰的，这让我很困惑，因为实在想不出来警察找我的理由。这时，警察开口说："有人举报你家门口有违章停车，请迅速移开。"

我不由自主地脱口而问："这是谁说的？"

警察也没多想，脱口而出："你家邻居呀。"

这下子真把我惊住了，因为这家邻居跟我挺熟的，早晚遇见时，相互都鞠躬打招呼的，为什么不直接按一下门铃跟我说呢？偏偏要找个警察来呢？

这事情并不大，日本好友赶忙放下喝了一半的茶，连声对警察说了道歉的话，开上车告辞了。第二天一早，我又遇见了邻居一家人，大家跟什么事都没发生一样，相互鞠躬行礼，很和气。无疑，在这样的一个礼尚往来之中，我感觉到的是"冷"。

最近这些年，我在自己的汉语课堂上都会要求日本学生写一篇作文，题目不变：《我最喜欢的汉字》。作文必须是手写的，电脑打出来的文字一律不收，而且所有的日本学生必须在课上限定的时间内完成，不可拖堂。

连续几年执行下来，我留给学生课上限定的时间越来越短，这回只给了20分钟。其实，限定时间是为了让日本学生表达自己最本真的想法，不要怕语句上的毛病，哪怕是病句也不会妨碍读者的理解。汉语写作是需要一定速度的。

不过，这就跟我刚才写的几件事情一样，日本学生的汉语作文总是很冷，几乎没有阳光，根本就"热"不起来，也没有什么"梦"，哪怕是一个喜欢的汉字，大多数学生都是用"无力"与"丧"之类的冷思维写，很明显，与中国学生相比，差距很大。当然，具体是哪种更好，这个无法判断，因为不涉及价值论。不过，唯有一点我确信不疑：国民性是存在的，日本学生之所以会惯用冷思维，其深处是有集体无意识这条河的，而且深不可测。

专此选贴两篇日本女学生的作文，一篇所写的汉字是"郁"，一篇所写的汉字是"真"。敬请高览，体会一下日式的冷思维。余话今后再写。

日本学生作文《我最喜欢的一个汉字：郁》

我最喜欢的一个汉字

我最喜欢的一个汉字是"真"。我有两个理由。

第一次，因为我的名字里有这个汉字。写在自己的名字里，人们对这么汉字的感情并同一般，是对我非常特别，也有我的家族的感情。

第二次，"真"这个汉字有非常好的意思。那是我的目标。我觉得"真"也有一直的意思。所以这个汉字常常让我想起来我应该一直诚的，而且不应该歪曲。

自这些两个理由，我最喜欢的一个汉字是"真"。

日本学生作文《我最喜欢的一个汉字：真》

4

终活①，
好好与世界告别

长寿大国的日本人，真的已经活够了

姜建强

尿不湿的信息量何在？

毫无疑问，日本是世界上数一数二的长寿大国。日本厚生劳动省在 2021 年 7 月公开的数据显示，2020 年日本人平均寿命，女性为 87.74 岁，男性为 81.64 岁。与 2019 年相比，女性寿命延长了 0.30 岁，男性寿命延长了 0.22 岁。两者都是史上最高数据。世界上最长寿的日本老人田中力子，在 2022 年 4 月 19 日去世，享年 119 岁。这位老人向我们传递的一个信息是：119 年时光，似乎并不那么漫长。而根据截至 2021 年的统计，日本 100 岁以上的老人有 86 510 人。

实际上，早在 2012 年《日本经济新闻》就报道过这么一条消息：日本成人用尿不湿销量首次超过婴儿用尿不湿。这条字数不多的新闻，爆出的信息有两条：一条是极端的少子化，一条是极端的老龄化。

少子化令这个国家失去魅力。美少女文化或将成为历史，AKB48 也好，乃木坂 46 也好，这类荡漾青春、暗含软情色元素的少女组合，以后将会很难成形。老龄化又令这个国家魅力四射。因为谁不想长命百岁呢？谁不想不老不死呢？于是，谁都想到日本来治病与养老，谁都想在日本延长自己的健康寿命。因为日本确实是延长寿命的超一流国家。

你看，当我们还在为癌症患者的 5 年生存率犯愁的时候，日本人已经在实施 10 年生存率的标准了；当我们还在为心脑血管病的凶恶性而恐惧的时候，日本人已经把这个疾患的死亡率降至全球最低；当我们还主要从美的意义上实施减肥的时候，日本人已经在 2008 年确立了肥胖健康检查制度，以降低成人病的发病率。

迎来了超高龄社会的日本，就要重新为"老人"下定义了。作为研究老人问题和衰老现象的最大团体——日本老年学会，于 2017 年年初发表声明称：与 5—10 年前相比，65 岁以上的生物学上的年龄至少年轻了 5—10 岁。而在认知功能方面，现在 70 多岁的人与 10 年前 60 多岁的人差不多。为此，该学会提出一个新标准：65—74 岁为准高龄者，75—89 岁为高龄者，90 岁以上为超高龄者。这也就是说，假如你不在 74 岁的最后一天死去，那么你就成了汉语世界所言的原本意义上的"花甲"老人。

为什么长寿而又不想活？

照理说，长寿总是好事情。"人寿几何"这个终极问题曾经迷醉了多少帝王将相。但在他人欣羡不已的同时，日本人则对自己的长寿生出了厌倦情绪。想死又死不了，但活在那里又添人麻烦，真是困惑。一上到 90 岁，下一代就是 60 多岁了。现在日本时兴的"老老介护"，就是由 60 多岁的人照顾八九十岁的人。介护的时间过长，再是孝子之心也会崩溃，何况日本人并未接受过儒家"孝"的文化。

在东京曾发生上村刚弑母案，令人不胜唏嘘。这位大孝子为何杀死患上阿尔茨海默病的母亲？就是不堪长期看护母亲的巨大压力。而在 2016 年，东京郊外的神奈川县川崎市的一家养老院，23 岁的员工将 3 名老人从养老院高层阳台处抛下致死。老人社会存在的现实难题，再次震撼日本社会。凶手被抓后供认，厌倦了没完没了的护理工作。"介护杀人"也因此成了近年日本的一个新名词。

一边是令人羡慕的长寿，一边是由此生出的"不想活"。日本社会陷入了一种不可理喻的畸形。于是自称有识之士的作家和学者们，近年来出版了很多关于死亡话题的书，要老人不可贪生、直面死亡，更要老人学习死的方法。

代表性的有：木谷恭介的《想死的老人》、椎名诚的《我现在对死的看法》、久坂部羊的《日本人死的时刻》、五木宽之的《话死思生》、福田和也的《死是需要学习的》、岚山光三郎等的《拿手的仙逝法》、山折哲雄的《叫作始末的这件事》等。

83 岁的推理小说家木谷恭介已经活够了，身体不能自由转动，性功能也丧失，所有的欲望都在消退，绝望的余生又有何意义？他决定缓慢地实施断食安乐死，并每天加以观察和记录。渐渐地，行动的意欲在减退，并伴有剧烈的头疼和口渴，他预感死期快要到了。但同时，他每天又被电视里介绍的各种美食节目挑起食欲。东日本大地震的新闻又使他情绪高涨。最后终于忍受不住因断食而引起的胃痛，木谷去了医院。30 天的断食宣告失败，也就是说没有死成功（一年后，即 2012 年 12 月 9 日，这位作家因心力衰竭死去。）。

小津安二郎的经典片《东京物语》里有如下场景，静听水壶"嘟嘟嘟"的沸水声，聊看猫儿在房间里玩耍，看似闲谈与琐碎的日常，但是没有人想到这是战后日本社会对老人长寿表思虑的"春江水暖"。年代是 1953 年。明明养育了好几位儿女，但老人们在东京就是"无家可归"。说得好听是悲到尽头的淡然。但何谓淡然呢？不就是被孩子抛弃的那种无奈感吗？影片中，老父亲独坐家里，感叹中的一句话令人深思："一个人度过了一天，特别的漫长。"

什么才是人的最高死法？

1972 年，当我们还处在人口红利期的时候，日本作家有吉佐和子就发表了长篇小说《恍惚的人》，首次直面老人失智和老人护理的问题，半年卖出 150 万册。小说中 84 岁的茂造患了阿尔茨海默病，一夜间成了恍惚的人。儿子信利与孙子阿敏，一个说老人"像残叶挂在枝头不肯落下"，一个说"爸爸妈妈你们可不要活这么大年纪"。而美丽的儿媳昭子却发现老人依然会被路边的野花所吸引，听到拨浪鼓的声音，老人还会露出灿烂的笑容。当时日本的老龄化率是 7% 的程度，属于老龄化社会的入门期。当时日本人的平均寿命也只有 70—75 岁，一夜睡下去，第二天醒不来都很正常。

导演安藤桃子在 2011 年出版小说《0.5 毫米》（幻冬舍出版），这是根据自己的护理经验而创作的，2014 年拍摄成同名电影搬上银幕。人与人的距离，0.5 毫米位置为最佳。一位老人碰到当护工的佐和，仍不忘摸一下她的屁股。一位老人邀请佐和与自己共浴。而另一位老人则偷窃了书店的情色小说来阅读。看来，这些风烛残年的老人，是在用这种"性需要"来暗示自己还活着这个事实。

在日本，原本的"熟年离婚"概念已经老旧了。原因是作家杉田由美子在 2014 年出版了《推荐卒婚》，在日本首创"卒婚"一词，引发了"卒婚"潮。何谓"卒婚"？就是从婚姻中毕业。如何毕业呢？就是虽相爱，但也要不离婚地"分居"。为什么？因为一想到丈夫能活到 90 岁，却什么家事都不做，就感到莫名的恐怖。记者小林美希在 2016 年出版了《期望丈夫死去的妻子们》一书，则更是将这种莫名的恐惧具体化为离婚都懒得去办手续，直接死更好。

1931 年出生的宗教哲学者山折哲雄，发明了"始末"这个很形象的用语：生为始，死为末。生死转换为始末，更突出何谓死。他更是想好了自己的死法：效法中世歌人西行法师，选择春天樱花漫开的满月时节死去。这里的难度在于如何精算死的进度，即如何慢慢地少食，到最后不食至枯竭干瘪地死去。山折认为这是人的最高死法。不要葬礼，不要墓地，不要骨灰，是他的"三不主义"宣言。

长寿就是幸福的时代已经结束？

英国诗人拜伦说过，一个正常人不应该活过 35 岁。现代人看了肯定会骂这位诗人脑子进水了。但不可忘记的是拜伦死于 1824 年。那个时候英国人的平均寿命大体是 40 岁。拜伦只少说了 5 岁左右。而俄国作家陀思妥耶夫斯基在《地下室手记》里借主人公之口，说一个人过了 40 岁，再活下去就不道德了、鄙俗了。

陀思妥耶夫斯基死于 1881 年。那个时候俄国人的平均寿命大体是 45 岁，他也仅少说了 5 岁左右。现在看来，这些说法并不惊世骇俗。倒是中国的庄子，早早地看透了人的生命本身的无意义与荒诞，故而留有今天还有生命力的名言"寿则多辱"。而《诗经》里的"如南山之寿"，日后则被我们表述为"寿比南山"，在凸显中国人达观生命观的同时，也定格了中国人的生死观："好死不如赖活"。

日本南北朝时期的法师吉田兼好，在《徒然草》里也说人在 40 岁以内死了最为得体。虽然也基本与当时的平均寿命相符，但关键是他还为此断言：因为过了 40 岁这个年纪，人就会忘记自己的老丑。到了暮年还溺爱子孙，不解人情物理，至可叹息。吉田兼好这些说法，其实也定格了日本人难有尊老之风，定格了日本人亦难有老人对第三代的溺爱之风。

但老真是一点用也没有吗？也不是的。日本战国武将中有"三杰"：织田信长享年 49 岁，丰臣秀吉享年 63 岁，德川家康享年 75 岁。笑到最后的还是家康。他关于年岁的一条真理就是：只有赖活着，才能"盗取"天下。这样看，年岁还是有用的。日本著名作家黑柳彻子生于 1933 年，她在 2017 年也就是 84 岁时还说，到 100 岁还有 16 年，还有许多事要做，如恋爱、结婚等。这样说来，彻子还是喜欢长寿的。

1947 出生的女作家松原惇子却对此相当反感。2017 年刚 70 岁的她，出版了《长寿地狱》，直言长寿就是幸福的时代已经终结。她在书中说，自己曾主持了一个"你想长寿吗？"的调查。调查有三问：

一问：在使用长寿这个词的时候，你的感觉应该是几岁？

一 答：60 岁，1 人；70 岁，1 人；75 岁，1 人；80 至 85 岁，26 人；90 岁，28 人；100 岁，1 人。

二问：你想长寿吗？

二答：想长寿，9 人；不想长寿，37 人；不知如何回答，18 人。

三问：你认为在多少岁时死去最好？

三答：80 岁以下，12 人；85 岁，31 人；90 岁，11 人；95 岁以上，6 人。

显然还是不想长寿的人居多，想 85 岁左右死去的人最多。

作者在书中为此列出理想死的 6 种方法：

（1）放弃续命的治疗。

（2）写下自己"尊严死"的书面宣言。

（3）向家属与友人传递自己的意思。

（4）尽可能不叫救护车。

（5）期待孤独死。

（6）最后时刻最好死在家里。

原来在这位年轻时留洋美国的作家眼里，长寿绝对就是地狱，就是恐怖。

为什么死的不是老年痴呆的公公？

日本剧本家桥田寿贺子于 2016 年 12 月在《文艺春秋》刊文《我想安乐死》。与丈夫死别 27 年后，2017 年已 92 岁的贺子建言"日本应该尽快着手制定安乐死的法案"，一时成了热门话题。许多日本人在网上留言道：

• 这个世界还有饿死的儿童。我们则躺在床上，用国家的钱等死。与其这样还不如早点安乐死。

• 如果安乐死法制化，看护杀人也就没有了。

- 让老人赖活着，让年轻人受苦，这样的社会早晚会完蛋。

- 如果生是一种权利，那么死也应该是一种权利，而且更是不可剥夺的权利。

- 如果能安乐死，那生就能成为一种力量。

- 期望最后的死不是自杀而是安乐死。

- 70 岁以上的人现在有 100 万，都应该准备安乐死才是。

日本著名女演员树木希林有一条著名的广告语是：因为长寿技术的进步，我们进入想死也不容易死的时代。其实我们距离死并不遥远。人都会死，但至少要死成自己喜欢的样子。

确实，现在高技术医疗给人带来的一个最大红利就是续命措施的常态化。日本高龄者卧床寿命比其他发达国家都要长，男性大概是 10 年，女性大概是 12 年。一个人躺在护理床上 10 年或 12 年，不能下地，不能走动，有的甚至还不能自主翻身，不能自主进食，不能自主排泄，想来也可怕万分。为此，有远见的日本政府提出了"死亡质量"（QOD）的概念。这个概念的内核就是医疗对死亡负有重大责任。

日本每年的死亡人数为约 120 万，但预计到 2025 年死亡人数将超过 160 万。据调查，对于"希望在哪里度过人生最后时光"这个问题，60% 以上的日本人选择了"希望尽可能长期在家治疗"。这里，选择在家死的深层心理，其实就是渴望死的自由。不是物理的而是精神的自由，唯有在自己家里才能做到。这就犹如野生动物在面临死亡时，也希望回归森林，这是万物的"归巢本能"使然。2017 年 6 月因患乳腺癌去世的小林麻央，最后就选择了死在家里。她曾在推特上撰文说，还是自己的家是最棒的场所。

据推测，在日本，2016 年出生的女婴，近半数能活过90 岁，而男婴也有四分之一能突破 90 岁大关。对日本人来说，这是幸还是不幸？自嘲是"资深败犬"的东京大学教授上野千鹤子，著有《一个人的老后》，说结婚也好不结婚也好，无论是谁，最后都是一个人。与其担心孤独终老，还不如现在就提早规划自己的老年生活。这当然也是在讲生的意义。而 2017 年去世的享年 105 岁的日本医生日野原重明，被誉为"全世界执业时间最长医生之一"。他百岁以上时还为患者看诊。在与小学生交流时，他说："我们为什么看不见生命呢？因为生命就是你拥有的时间。死去之后，就无法再利用自己的时间了。所以，请一定认真考虑如何利用这仅有一次的生命。"

进一步说，要学会为他人付出时间。这当然也是在讲生的意义。那么，你是要上野千鹤子的生的意义，还是要日野原重明的生的意义？

当然，不管如何生，最后直面的还是一个如何死的问题。人的寿命究竟几何？ 2016 年美国一个研究小组宣布，在理论上 115 岁是寿命的上限。如果是这样，那么在人们越来越长寿的未来最为流行的骂人语，恐怕就是"让你活到 115 岁"了吧。那么我们又如何直面衰老和护理而不失温情呢？

　　确实难度很大。但所有问题不就是如何"好好活，快快死"吗？

　　于是，日本人追问：为什么死的不是已经痴呆的公公？

　　于是，日本人庆幸：幸好我妈妈没活到这么大年纪。

癌症大国的"抗癌术"

姜建强

从 2000 年开始，每年的 2 月 4 日是世界癌症日。

为癌症设定世界日，表明面对难治的癌症与高病死率，人类还是低下了高贵的头颅。人的理智与狡黠又算什么？仍然抵不过癌症"精神现象学"的高深。抗癌之路依旧长夜漫漫，但就是在这漫漫长夜中，我们还是看到了几缕曙光。在亚洲，这道曙光首先是从岛国日本射出。

日本国立癌症研究中心在 2021 年发表 2011—2013 年全癌症五年生存率，总体为 68.9%。这在发达国家中几乎与美国并肩。在主要癌症中，日本乳腺癌的五年生存率为 93.2%，大肠癌为 76.8%，胃癌为 75.4%。即便是较为难治的肺癌和肝癌，如是早期的话，五年生存率也达到了 47.5% 和 38.6%。

这样来看，日本确实是癌症治疗效果最好的国家之一，是世界上精密检查技术最发达的国家之一，也是癌症研究最为领先的国家之一（每年发表的论文数量和质量都居全球之首）。而早在 2001 年就开设的兵库县立粒子线医疗中心，则是世界上率先开展质子和重离子这两种放射线治疗的"开垦地"。

更为引人注目的是 2017 年刚过完新年，日本的 NHK 出版社就出版了一本引发购买热潮的书——《因癌致死的县 因癌不死的县》。作者是松田智大，一位参与日本癌症数据库建设的著名医疗学者。作者在书中披露，遗传致癌只占全体的 5%，其余大部分都是由于不良生活习惯致癌。

因此日本各地生活习惯不同，患癌概率也大不相同。若拟定日本全国癌症的发病率为 100，以此为基准，"女性杀手"乳腺癌以东京为最高，为 100.8。最不易患乳腺癌的是鹿儿岛县，为 48.8。而在男性中最常见的胃癌，前三是：秋田县，为 119.6；山形县，为 106.2；富山县，为 96.6。它们几乎都集中在面朝日本海的东北一侧。而最不易患胃癌的前三是：冲绳县，为 38.3；鹿儿岛县，为 52.1；熊本县，为 57.1。前三全是处于日本的最南端。这表明癌症与饮食习惯有其内在关系。

该书还统计出日本癌症死亡率的最高县和最低县。最高的是青森县，最低的是长野县，这之间死亡率之差最大为 1.4 倍。此外，北海道是肺癌之最，福冈县是肝癌之最。这本书的意义在于：研究者丝毫不隐瞒地方差异，将因风土和习惯不同而导致的癌症现状做数据式梳理，提供给读者参照与思考：你将如何在这块土地上继续健康地活下去？显然这是成熟的癌症大国的非常成熟的做法。

早在 2005 年，东京大学医学部教授养老孟司与东京大学附属医院癌症治疗专家中川惠一，在合著的《活出自己——日本的癌症医疗与死生观》书中就预测，日本的癌症患者将大幅增加，10 年后进入 2 人中有 1 人患癌的时代。以活出自己为前提的社会如何成为可能？死如何日常化？延缓时日的癌症治疗与安乐死何以对应？书中不无先见地提出了"人生—社会—医疗"三位一体的构造组合。

2011 年，中川惠一又独立出版《癌的练习手册》一书。他在书中宣布日本已成为世界头号癌症大国。患上癌症，怎样应对为好？因癌而死，怎样死才好？从预防到被宣告确诊的心情建设又是如何的？治疗和复查又该如何选择？晚期疼痛怎么应对？如此等等。作者认为这些如果事先都能得到练习，人就会回归平常心。癌症本身并不可怕，可怕的是对癌症的无知。这两位活跃于癌症前沿的人士的看法，正好与以下两组数据相符：

日本 2016 年患癌人数为 1 010 200 人。其中男性 576 100 人，女性 434 100 人。与 2015 年的 982 100 人比较，增加了 28 000 人。癌种的前五位是：大肠癌、胃癌、肺癌、前列腺癌、乳腺癌（女性）。

日本 2016 年癌症死亡人数为 374 000 人。其中男性为

220 300 人，女性为 153 700 人。与 2015 年相比，死亡人数增加了 3 000 人。癌症死亡的前五位是：肺癌、大肠癌、胃癌、胰腺癌、肝癌。

这里的一个问题是：治癌先进国日本为什么又是癌症高发国呢？一个说法是日本人太长寿。长寿凸显了"天寿癌"。另一个说法则指向日本人最为得意的软实力之一——和食。甜咸腌炸，且精致精细精准过度的一个结果就是依赖加工食品过多。生鱼片当然爽心悦目，但经常食用带来的是人体免疫力的总体下降。显然这个指向是令日本人不安的，但这就是不设任何前提的学术研究。

癌症多了，成了常见病。带癌工作也就成了日本社会的一个常态。日本的名人与学者，日本的政治家基本不隐瞒自己的病情。

直言坦白是日本癌症文化的一个特色。如 1938 年出生的与谢野馨在 2012 年出版《全身癌政治家》一书。在书中他坦白自己在 39 岁第一次当选议员的时候被诊断出恶性淋巴瘤。医生宣告剩余寿命只有 2 年。之后的 35 年里他又患上直肠癌、前列腺癌和喉癌。

一生患有四种癌的与谢野馨，毕业于东京大学法学部，当过前首相中曾根康弘的秘书，历任文部大臣、通产大臣、自民党政调会长。他还曾是第一次安倍内阁的官房长官，麻生内阁的财务、金融、经济财政的三阁僚大臣。与谢野馨的母亲患食道癌，妻子患大肠癌，妹妹患舌癌，可谓"癌症世家"。

而前首相森喜朗，2015 年被诊断出肺癌，做了左肺切除术。手术一星期后，当时还是 2020 年东京奥运会组委会会长的他就出席奥运会有关会议了。这位早稻田大学毕业的政治家，在 2000 年担任首相的时候被诊断出前列腺癌。不过他一直坚持工作，直到辞去首相一职才走进手术室。

2013 年 12 月 5 日，当时担任 TPP 谈判的日本经济再生大臣甘利明召开记者会，宣布自己患了舌癌。在接受手术治疗的 10 天后，他就复归公务，参与新一轮的 TPP 谈判。

而为世人所知的日本明仁天皇在 2003 年 1 月接受前列腺癌的手术。日本宫内厅在 2002 年 12 月 28 日向国民发布了这一消息。

日本的一些名人也基本不隐瞒自己的病情。如我们熟知的患食道癌的作词作曲家桑田佳祐、患乳腺癌的歌手生稻晃子、患急性淋巴细胞白血病的节目主持人大家范一、患胃癌的演员宫迫博之、患喉癌的第 54 代横纲轮岛大士、患乳腺癌的女子摔跤选手亚利弥、患乳腺癌的女艺人北斗晶、患脑瘤的歌手北山阳一、患胃癌的名演员渡边谦、患乳腺癌的女演员南果步等。而在日本有"智慧巨人"之称的立花隆，2013 年出版《癌：挑战生死之谜》一书。书中坦言自己在 2007 年患上膀胱癌。通过治疗，知道了什么叫日本癌症治疗的最前沿。

2016 年 9 月，因患上乳腺癌成为话题人物的演员小林麻央还开始在个人博客上更新抗病日记。

　　显然日本人的这些做法与中国人形成了鲜明的对比。在中国，我们经常耳闻讣告或悼词里的某人"因病医治无效"的说法，因什么病呢？没有人知道。或者不想让人知道。为什么不想让人知道呢？追问到本质上还是与癌症文化远未成熟有关。

　　对于癌症病人来说，癌症，是自己身体的一部分，也是自己生活的一部分；是自己思虑的一部分，也是自己情感的一部分。有什么必要隐瞒呢？佐野洋子，这位创作了《活了一百万次的猫》的知名绘本作家，在66岁那年因乳腺癌接受了乳房切除手术。两年后，癌细胞转移至大腿骨。她拒绝治疗，并在这段日子里写出了畅销书《无用的日子》。里面有这么一段医患对话：

　　"我还可以活几年？"

　　"如果进安宁病房，大概两年左右。"

　　"到死为止，要花多少钱？"

　　"一千万（日元）。"

　　"知道了。那我不使用抗癌剂，也不要延长我的寿命，尽可能让我过正常的生活。"

　　"好。"

　　2010年11月，洋子辞世，享年72岁。

　　她的这本书，就是告诉了我们一件事：什么叫死于癌症。

　　那么，什么叫死于癌症呢？洋子这样说：

　　死于癌症的恐惧，死于癌症的意义并非来自自己的死，而是他人的死。

从这个意义上说，我们或许能多少明白一些在日本有"医界良心"之称（虽然争议巨大）的近藤诚的用心所在。他这些年来著书立说所要表达的一个观点就是"放弃治疗"让心灵更自由。这就令人想起顺天堂大学医学部病理癌症讲座教授、医学博士樋野兴夫。他在 2008 年 1 月开始在顺天堂医院开设"癌症哲学门诊"。第二年成立 NPO 法人"癌症哲学门诊"，自己亲任理事长。

请注意日本人创造的这个全新概念：癌症哲学门诊。不是临床医生的诊疗行为，而是病理学者与患者、患者家属对话沟通的一个姿态。这个姿态传达的一个声音是：人生是好是坏，取决于最后五年。不必在意过往人生究竟过得如何，要时时抱着犹如度过人生最后五年的心态，全力而活。

2016 年 12 月 9 日，日本国会通过了新版《癌症对策基本法》。这里的亮眼之处在于日本政府毫无隐瞒地宣布，在发达国家中，日本率先进入每 2 人中 1 人患癌，每 3 人中 1 人死于癌症的时代。为此，基本法提出了一个旨在缓解身心痛苦、提高生活质量的"舒缓治疗"的概念。

这个概念的最终指向是创建一个"能让患者放心生活的社会"。日本政府用基本法的规格为癌症立法，一方面固然表明癌症已成日本人的国民病，但另一方面也表明日本这个癌症大国的癌症文化又向前迈进了一大步。

日式无常观，教你度过不安的时代

张　石

　　谁都不会想到，2020 年世界竟然发生如此变化。一方面，世界"固体化"了，封国，封城，各国的游客及人员流动几乎中止，大部分飞机"呆若木鸡"，不能动弹，成了"废铜烂铁"，全球几乎停滞在看不见、摸不着的新型冠状病毒辐射之下。

　　另一方面，人们的工作、生活、事业又处于无限的流动性之中，饭店、旅店等大批倒闭，到处都是失业者，谁也不敢担保自己不会中招，得了病以后是否能住进医院。职业朝不保夕，生活朝不保夕，生命朝不保夕，这是一个在和平中孕育着最大不安的时代，谁都不知道明天会怎么样，未来是一片诡谲的浮云。

　　而在这样的时代，有一个心理的支撑是不可缺少的。因为会有很多人在所有的事情到来之前，在恐惧中心理崩溃，在不安中失去方向。而日本的智慧，虽然难以免除现实的苦难，却能为你提供一些必要的心理支撑，让你在强大的心理支撑中渡过现实的难关。

首先，日本人非常推崇佛教的"无常观"。"无常"是指世间万物终将变异，其本质是阐述万物的"空性"。万物变化无穷，因缘所生，因缘而灭，如泡如幻，无常存者。

据《六祖坛经》记载，永嘉玄觉禅师初见六祖惠能大师，道了一句："生死事大，无常迅速。"六祖就说："何不体取无生，了无速乎？"玄觉即答："体即无生，了本无速。"

上段话的意思是说，玄觉禅师对六祖惠能说："生死之事，真是无常而迅速，无法把握。"惠能说："为何不体会万法无自性，当体就是空，也就是无生的道理呢？你悟到你的身体本来就是空，当下无生，生死问题不就解决了吗？有什么快与慢呢？你起心用意就有了生死啊！"

虽然古代中国和日本都是受佛教影响很深的国家，但是正像日本哲学家、文化学者梅原猛所指出的那样："佛教在日本，从苦的教义变成了无常的教义，在日本感情的形成方面发挥了重大作用。"（梅原猛《美与宗教的发现》，集英社，1982 年出版）

梅原猛在分析《古今集》的美学与文化的特色时指出：

当可能性难以变为现实性的时候，他（指《古今集》的诗人）不在外在的敌对力量中寻找原因，也不认为这是自己的无能为力，而是一心把它看作无常的命运。也许，那有着浓重悲哀的日本感情原型，就是这样被创造出来的。在人们意识到可能性和现实性的矛盾，而可能性又被现实性压倒的时候，如果从外在的敌对者那里寻找这种状态的原因，就会产生愤怒的感情，如果认为这种状态是因为自己的无能为力，就会产生'罪'的感情，而《古今集》的诗人们，宁愿把这看作命运的无常。（《美与宗教的发现》）

日本的古典文学和哲学中始终贯穿着"无常"这一主题。《平家物语》的开头写道：

祇园精舍钟声，回荡着诸行无常的音响；娑罗双树的花色，显示着胜者必衰之理。豪奢之人必不长久，只如春夜之梦；猛者终于衰落，恰如风前之尘。

日本平安时代末期至镰仓时代初期的作家与诗人鸭长明的《方丈集》的开头写道："河水长流不绝，而非原本之水"，可以说和古希腊哲学家赫拉克利特所说"人不能两次踏进同一条河流"异曲同工，芭蕉的俳句"不知死将近，蝉声如急雨"的前词中还写下了"无常迅速"这四个字。虽然蝉声不久就会销声匿迹，但是你却在这笼罩着天地的宏大而天衣无缝的音乐的无常变化中连接天籁，这正是所谓"无常之美"。日本南北朝时期的诗人、法师吉田兼好的《徒然草》中，无常观像一束奇异的光，照耀着吉田兼好所描写的万事万物。起初，无常观是一种略带悲哀的咏叹，被它照耀的事物，也笼罩着一层微暗的感情色彩。后来，这束奇异的光渐渐变得透彻，最后，是一片无色无影的大澄明，万物在其照耀下沉淀出透明的裸体，抚摸着这宇宙流转的空寂。日本平安时期著名的女作家清少纳言的《枕草子》也经常咏叹人生的无常，作者说："飞鸟川，一日为深渊与一日为浅滩没有一定，让人感到人生变化无常，使人很感动。"

日本人不去追求"永恒不变"的事物，变化对他们来说就是一种美，无论盛衰兴亡，都是一种"无常"的美。"无常观"，是与佛教相联系的日本重要的美意识之一。

既然世界的本质就是无常，那么我们就只有任运随缘，放下一切担心和忧虑，过去的已经过去，未来还没有到来，我们没有必要为一去不复返的事情而懊悔，因为为过去的事情懊悔就是第二次惩罚自己或无数次惩罚自己，也没有必要为未来而担忧，未来永远是不确定的，尤其在我们现在这个时代就更具有不确定性，全世界性的时乖运蹇会令我们生发出无数可怕的幻想并无限地延伸，而这种无限的延伸无疑是对我们内心的一种严重摧毁。

因此在这样的时代，我们不妨有一点活在当下的潇洒：

高瞻远瞩

有时是

预支痛苦

瞬息万变

来不及未雨绸缪

鼠目寸光

就是活在当下

一杯浊酒

醉得月亮也抖

（张石　诗）

我们需积极而快乐地活在当下，但是相信物极必反，否极泰来，人生胜败无常，胜中有败，败中有胜，福中有祸，祸中有福，兴久必衰，冬尽春来。任何灾难都会时来运转，也没有任何瘟疫是永久的，人类终究会战胜它或者改变它，从而变得更有智慧，和自然更加相亲相爱，和平相处，互助互补。

《圣经》中说："所以我告诉你们：不要为生命忧虑吃什么，喝什么，为身体忧虑穿什么。生命不胜于饮食吗？身体不胜于衣裳吗？你们看那天上的飞鸟，也不种，也不收，也不积蓄在仓里，你们的天父尚且养活它。你们不比飞鸟贵重得多吗？"

但是我们处在一个如此不安的世界，多么希望有一道光，照亮未来的谜底，但是未来的可把握性是虚幻的，不确定性才是现实的，那么我们怎样与不安和平相处呢？

日本心理医生森田正马（Morita Shoma）创立了森田疗法，他认为，对待人生不安，不应试图切断和消灭这种不安，而是应与这种不安和平相处，带着这种不安去做你应该做的事情，带着不安去不断发现你人生的价值，这种不安就会渐渐钝化。而不是去和这种不安激烈地对抗，寻找解除这种不安和切断这种不安的安全的佐证，这样只能强化不安，而且在你与它的抗争中会越来越强烈。因此需要接受不安，做自己该做的事情，在不安中发现自己的价值，陶冶性情，顺其自然，不论天下有事无事，都不在情绪上自扰自虐。

事实唯真，我们不能改变我们的心情，却可以改变我们的行动，我们可以去积极地工作和运动，完成一件有价值的工作会转化你的不安，一次大汗淋漓的运动会冲洗掉你的许多忧愁，对于事业的挫折、生活的遭遇、突发的事变等，都要顺从地接受下来，不回避、不否认也不抵抗，顺其自然，带着不安和痛苦为所当为，活在当下，尽量快乐过自己的每一天。

因此在这个不安时代，我们不可能切除这种不安，我们的头脑可以无限"升华"和无限连接"可怕的情景"的想象，制造出无数令我们不安的剧本，但是我们要以事实唯真、尊重事物的真实面貌，坦然对待现实，接受事实，顺其自然，这样才能使我们度过一个艰难的时代，以避免在现实还没有击垮我们的时候先被我们自己的情绪击垮，走过苦难，抖落风尘，靓丽如初。

日本人的临终选择

毛丹青

我一直觉得墓地是有色彩的，无论是刮风下雨，还是人们手捧骨灰罐，一步一步地沿着墓地的小路往深处走的时候，眼前甚至似乎会出现磷火。不过，这么多年过去了，我从未用肉眼看见过这类色彩，确确实实的事情只有一件，即我觉得墓地是有色彩存在的，但具体是什么色彩，我又说不上来，色与彩有时是分离的，有时是虚无的，就跟空气绝对是存在的，可我们什么也看不见一样。

2018 年夏天的一个傍晚，爱知县称念寺的僧侣为一民家做撒骨佛法，祭祀故人。他约我前往，理由是故人生前曾是我的一位热心读者，虽未见过面，但在生灵的次元上，我们彼此是相识的，而且一点儿也不陌生。当然，说这话的人不是我，而是僧侣。他叫伊势德，是称念寺第 17 代住持，有时全天身穿黑袈裟，语气很平稳，眼睛有时半闭，尤其当一句话说得很长的时候，他自己都会十分陶醉，他跟我说："你不要以为死者只有一个物质的单体消逝，他实际上是接受了迎你的召唤。"

我问："什么叫'迎你'呢？"

他答道："此岸被热情地请到彼岸去了，或者说此岸与彼岸在他死亡的那个瞬间一下子链接了起来，这个情景从他最后的目光中能放射出来。"

我继续问："你在他临终时，一直保持着守护的状态吗？"

他接着答："是的。他的家人打电话告诉我他快不行了，希望我去诵经。故人生前是一位佛教徒，帮我寺院做过很多好事，积德厚重自不在话下。我放下身边的事，骑着单车迅速到了他的家。他很幸福，满屋子的家人围绕着他，香火升堂，而他异常的安详，无痛的感觉都能传达给在场的每个人，甚至包括他的狗狗，它不作声，跟家人一样静静地看他，有时也看我。"

他还告诉我，信佛的日本人临终时往往有两个选择，一个是身体不支，只能被安置于医院，一直到续命措施无效时，一声叹息而去。另一个是放弃治疗，与家人团聚，在众僧的朗朗诵经中接受'迎你'的召唤。

我觉得好奇，于是再问："所谓众僧，就是说除了你之外，还有群僧出场吗？"听我这么问，伊势德住持大笑起来，他说："众僧就是打工的，一群小和尚跟我出席各种法事，算修行，当然也是挣个工钱。"

其实，他的话并不奇怪，寺院的住持级别高，掌管财政大权，来往于大千世界的每个角落没有一点儿障碍，加之，寺院的收入是不上税的，据说这是对生灵所表达的最崇高的敬意。

一般来说，日本寺院的台阶很高，尤其是坐落在山里的更是如此，到寺院没有走平地的感觉，反倒是完完全全地"爬寺院"。

内心对佛的祈愿也许是从"爬"开始的。台阶是为山门而做的，一边是世俗，一边是神圣。两者之间有一层层的台阶拉开相互的距离，最后一直迫使你的视线正好被挡住，如果不爬台阶就无法脱离世俗，同时也就无法直视神圣的境域。

寺院是由人建造的，经过了周密的测算，当然也经过了相当的心计才能构成如今的版图，于是，芸芸众生仰慕而来，悠悠古今，绵延不绝。不过，寺院的情景尽管如此，住持一旦只身外出举办法事，他所置身于寺院的感觉就会被迅速收入他的心底，似乎变得神奇起来。

这是称念寺的伊势德住持跟我说的，他的大意是，佛家应该最先想到世俗的事情，而不是圣贤的事情。圣俗两者的价值同等，关键是你的心灵感受，所以天下没有什么理由让你觉得寺院是高不可攀的，实际上每个人内心的诵经才是最崇高的空间。

听了他的上述解释，我想起了长野县的善光寺，因为寺院内的采光很灰暗独特，只要你置身于现场，肯定就会察觉出来。

我当时是一大早去的。之所以选择清晨是因为当地的人说这座寺院最辉煌的情景是在日出的那个时辰。日本人这么说自然有他们的道理，说来也巧，当天下过一场小雪，天空已经发白。

透凉的空气似乎与喷薄欲出的太阳争先恐后，抢着为寺院的辉煌扮演相应的角色。从字面上看，善光寺应该是"行善"的善与"光芒"的光的组合，可令人好奇的是寺院的大堂却是灰暗的，尤其当我的相机进入大堂深处的时候，通过镜头看到的图像几乎是黑洞洞的。日本寺院把大堂叫作"御影堂"。如果这么想，说大堂灰暗也不无道理。日语所谓"影"就是阴影，几乎等于阴影被寺院大堂供奉的概念。

寺院的僧侣列队走在石板路上的时候，朝阳映红了他们的面孔，透过浸湿的石板地的折射，他们脚下的通途也铺上了鱼鳞般的光彩。我原来想，这些僧侣与门徒一定会进入一处至少是让人心明眼亮的地方。哪怕不像中国的大雄宝殿那么庄严宏大，不像欧洲的教堂那样高耸挺拔、寒光如剑，但起码会是一处能够接受暖阳的栖身之地吧。然而，日本人似乎不这么想，他们对影子概念的理解与布置已经超出了我的预料。

现在还是说回称念寺，当天的傍晚，月亮刚刚爬上天的感觉，伊势德住持轻轻地把骨灰罐里的骨灰撒进了墓碑下的泥土之中，这时的确有一束光划过，但它不是我看到的，而是从内心中感受到的。

称念寺的伊势德住持还跟我说起过"无缘墓"，指的是被人遗弃到深山里的墓碑，还包括原有的墓碑和墓地由于种种理由已被人遗忘，每天乌鸦满天的乱岗子。

他说："其实，你今后应该去看看无缘墓，说不定真能看见彼岸发出的色彩，而不是你什么也看不见的感觉。自古以来，无缘墓的可视度就很高。"

我急忙问："那是为什么呢？"

他几乎不停顿，接下来的回答是这样的："因为无缘，无缘等于没有干扰，没有干扰等于纯粹，而纯粹的色彩看起来也许是无色的，但它一定有色，有这个世界上最美丽的颜色。"

听了伊势德住持的话，我虽然没能达到顿开茅塞的境界，但隐约地知道了世俗与神圣之间也许有一个中间地带，以色彩与感知链接，经久不衰。

新型交友形态：共享坟墓

万景路

　　最近，"墓友"成了日本社会尤其是老年阶层使用频率非常高的两个字，关于"墓友"的议论自然也就成了舆论界的热门话题。那么，什么是"墓友"？"墓友"又是如何产生的？"墓友"的发展前景如何？这一现象对日本社会又会产生怎样的影响呢？

墓友概念

　　墓友，是持有相同生死观的老人们共同出资购买墓地，以死后一起葬入该墓地为前提的一种交友形式，也可以说是日本人交友关系的一种新形态。不过，这种交友形态颇有点瘆人，因为它是建立在"共享坟墓"这个基础上的。

其实，"墓友"应该算得上是个老词了，早在 2005 年日本作家三浦展在其著作《下流老人》中讨论共享经济对银发族的影响时就首次提出了"墓友"的概念。2014 年日本富士电视台在《世界奇妙物语》春季特别篇中也以《墓友》为题，拍出了在当时曾轰动一时的电视作品，至今网上还是议论不休。

而近几年，日本老龄化、少子化问题越来越突出，随之而来的对老年生活的不安全感在更多单身高龄老人中不断蔓延，因此，"墓友"二字也就成为高龄独身老人之间的热门词，"墓友现象"也成了他们的热门话题。受其影响，"墓友现象"如今还发展成为在整个日本社会都被广泛议论的话题。

产生原因

墓友之所以在日本社会成为热门话题，首先是日本人长寿导致的高龄独身老人不断增加，以及由此渐渐形成的子女不愿负担老人身后事等因素造成的。

许多独身高龄老人或是一生未婚，或是离婚、丧偶以及"被离婚"的，而且，无论是一生未婚者还是离婚或丧偶以及被离婚者，因为日本人的长寿化等原因，数量上还都在呈上升趋势。日本总务省的最新调查显示，在日本，65 岁以上的女性中每 5 人就有 1 人是单身，男性的比例虽小于女性，但 65 岁以上的男性中每 10 人里也有 1 人是单身，而且，随着"熟年离婚"^①现象的增多，退休男性的"被离婚率"也在不断上升，这也就意味着男性高龄独身者也将呈不断增加的趋势。

高龄老人持续增多，日本社会像过去那种大家族集体生活模式又不断瓦解，少子化也早已成为一大社会问题，这些就导致了许多家族没有人继承墓地，而即使后继有人，许多并不看重血缘关系的后继年轻人也不愿意承担老人的葬礼以及家族墓地的管理费用，最终使得一些高龄老人面临着死后无人上坟、无人管理自己的墓地的现状。这些高龄老人担心自己死后变成"无缘佛"（指孤魂游鬼），于是，有些人就琢磨出了寻找有共同遭遇的人一起出资买坟墓埋在一起的想法，这才有了"墓友现象"的发生。这些老人通过"句会（指俳句会）""老人活动中心"以及各种适合老人的活动场所、学习班等寻找志同道合的"墓友"，以求一次性解决死后问题，等到自己到了"最期"（临终）时也便能安心地告别这个世界。

其次，从舆论媒体中看得出，日本的老年女性对寻找志同道合的墓友似乎兴趣更浓，这是因为在日本，通常情况下，单身女性本来就比男性更难进入家族墓地。在过去，即使她们勉强进入了家族墓地，也是要靠侄儿、外甥等供奉自

---

① 在日本，人们往往以"熟年离婚"来泛指子女刚刚成人、正在步入老年的夫妻离婚现象。

己的坟墓，但正如日本中央大学教授山田昌弘指出的那样，今时越来越不重视血缘关系的日本年轻人对所谓的家族墓地本来就没什么兴趣，让他们成人后继承墓地供养先人，尤其是供养独身一辈子死后欲进家族墓地的女性长辈，他们更是不愿意。笔者的一位女性同事就曾说过，她单身的妹妹想要在她购买墓地时出一部分钱，等死后一起葬入好拜托同事的独子即她的外甥在其死后也能上坟烧香照料一下自己的坟墓，结果却被同事的儿子干脆地拒绝了。

此外，因为许多单身老年女性还是"熟年离婚"的始作俑者，她们更是既进不了夫家祖坟也进不了娘家祖坟，还指望不上儿女。还有一些老年女性虽然不至于离婚，但死活不肯在死后进入夫家的祖坟，理由是活着时候已经为丈夫及夫家贡献了一生，死后再也不愿与丈夫同穴，看到那些讨厌的夫家人（应该是"鬼"）了。这些现实的原因就使得上了年纪的日本单身女性不得不自己为自己准备墓地，为了排除孤独、减少费用，便产生了这种"求墓友""求合葬"的风潮，据说这些女性也是寻找"墓友"最热心的生力军。

再次，还有一个最重要的因素在火热的"墓友"现象中起着决定性的作用，那就是上面提到的"费用"二字。随着老龄化社会的发展，日本的坟墓用地面积与死亡人口数目的比例开始失衡，因此墓地价格也是逐年上涨。日本国立社会保障人口问题研究所的推算结果显示，从 2010 年到 2019 年，日本所需墓地面积总和约为 650 万平方米，这相当于

139 个东京巨蛋球场那么大。

试想，在寸土寸金的日本，如果真的照这样的预测发展下去，那将是一种多么令人震撼的景象，相应地，日本墓地的价格也必然是持续上升。而且，由于现代生活节奏之快，在郊外、农村等地区选择墓地给上坟、管理墓地带来的不便已经让许多都市人不得不放弃这种形式了。那么，选择在市内买下一个公共墓地就成为许多老年人的理想选项。不过，这样一来，一个令日本人难以启齿的问题又来了，即随着墓地价格的不断上涨，许多囊中羞涩的日本老人买不起墓地，如果一定要自己购买墓地，那还真就"死不起"了。于是，"墓友"和"共享坟墓"这个"大庇天下'骨灰'俱欢颜"的人性化举措一出现，立马就成为热门话题，也成为令高龄老年人们青睐的奋斗目标。

共享坟墓并非新发明

其实，"墓友"和"共享坟墓"虽是近几年来才出现的新词，但"墓友"和"共享坟墓"现象在日本却是早已有之。比如位于大阪市天王寺区的一心寺，这家寺院从明治时代的 1887 年开始，就建造了一座中空的"骨灰佛"来容纳香客的骨灰，这座骨灰佛像内共能容纳 1 万人的骨灰。发展至今，一心寺共有这种"骨灰佛"14 座。据说，自 2007 年至 2016 年，共有 22.3 万人申请将自己或亲人的骨灰盒放入"骨灰佛"中。这种"骨灰佛"某种意义上可以说是日本最早的"共享坟墓"了。

如果说 1887 年大阪一心寺的"骨灰佛"是"共享坟墓"尚有点牵强的话，那么，位于东京都府中市的专为单身女性开设的公共墓地就已经可以说是比较符合现在说的小型"共享坟墓"了。据悉，该公共墓地开设于 1998 年，由日本纪实文学女作家松原惇子设计，椭圆形的白色墓碑周围遍植玫瑰花，整个墓区洋溢着女性风情。据说"入住"该墓地需要交"永世管理费"和"永世供养费"等共计 25 万日元。目前，该公共墓地共有会员约 900 人，都是 50 至 60 多岁的单身女性。她们定期召开座谈会，以期增进互相了解、加深未来"邻里"感情，共同商讨死后的"住房"问题等。

2012 年初，东京都多磨地区的都立墓地小平陵园独辟蹊径打造出了一个美丽的"树木葬"形式的"共享墓地"，这个墓地就已经无限接近"共享坟墓"了。当时，小平陵园在陵园内的椿树、樱花树等树下打造了一个个宽 1.5 米、深 2 米左右的"共同埋骨洞"，每个洞可埋葬 5 至 10 人的骨灰盒，一期工程共设有 500 个这样的"共同埋骨洞"。因其环境优美、价格便宜，当时前来申请安葬的人就达到了 8 000 多人。

至于最近引起"墓友"话题大讨论的始作俑者大洞龙德，就是位于东京都荒川区町屋的光明寺的住持，据大洞龙德住持介绍，他创建"共享坟墓"的灵感来源于一位女性，这位女性是一位同性恋者，因年龄大了开始考虑自己最终归宿的问题，而一个人负担墓地的费用又有些力不从心，因此才发出了"如果能够和朋友们一起入葬就好了"的感慨。大洞龙德一听，脑洞大开，于是开始在自己的寺院试点"共享坟墓"业务。结果这项试点成了东京都荒川区町屋光明寺的另类普度众生之光辉事业，据说目前该寺已开辟出了1 500个代售的墓地，每个墓地最多可容纳6个骨灰盒。这一举措，不仅解决了老年人的后顾之忧，还为寺院带来了效益，成了何乐而不为的佛门创收新业务。

"墓友"和"共享坟墓"的现实意义

"墓友"的出现和发展，显示出了日本老龄社会的现实窘状。日本老年人正陷于孤独、不安之中，生前的孤独和不安，使得他们恐惧在死后的世界里继续这种孤独和不安，也因此，"墓友"现象一出现，许多高龄孤独的老人们立即趋之若鹜，忙于寻找、结识"墓友"。而随着"共享坟墓"的出现、发展，这项"安心工程"也让老人们心有所托了。而且，这项堪称伟大的面向高龄老人的"安心工程"之意义还不止于此，据说目前甚至离死还远着的正在步入老年的人们也有许多开始热衷于"求墓友、定共享坟墓"的后事准备之中……

无疑，"墓友"和"共享坟墓"现象是有着积极意义的社会现象，"墓友"使得高龄老人们安下心来、心境平和地等待自己"临终时刻"的到来，对社会稳定起到了正面的作用。而大家都能接受得起的价格，则不仅让高龄老人们放下心来，还多少缓解了国家土地紧张的局面。也因此，据说，目前许多日本宗教团体、企业以及非营利组织也都投身到了这项利国利民的人性化的事业之中。相信在不久的将来，日本的许多高龄老人都能不为后事担心，可以愉悦地度过人生最后的美好时光。

"墓友"和"共享墓地"折射出的阴暗面

"墓友"和"共享坟墓"的出现，在其正面意义的反面，还让我们看到了当今日本社会的又一个阴暗面，那就是亲情愈加淡漠、人性愈趋冷酷的现实。其实，现在日本的年轻男女不愿回家、不愿结婚、不愿生孩子以及所谓的追求第二春的"熟年离婚"等现象的逐年增多，也早已反映出了日本社会的残酷的负面现实。正是这些负面因素，才使得日本的老年人在孤独无助之中，无奈放弃"血缘"，选择"生不同衾死同穴"的"墓友"相伴，从这个意义上来看，日本老年人还真有点"凄凄惨惨戚戚"了。

不过，话说回来，老年人的今天不就是年轻人的明天吗？随着日本"百岁人生"时代的到来，高龄老人将越来越多，而相反地，出生率却是一年不如一年，两极分化程度将越来越严重，而中间还出现越来越多的育龄男女拒绝结婚、拒绝生育的现象，以及年轻人逐渐淡漠亲情、血缘的现象等，从这些角度来看，日本虽在卓有成效地解决让普通人"死得起"的问题，但社会、家庭的伦理道德方面却是一年不如一年。如此看来，在某些方面，日本的前景倒也是堪忧的。

5

日本人
生活的底色

一年时间，日本人造了 8 000 个新汉字

姜建强

　　根据日本媒体报道，2016 年在京都开馆的汉字博物馆，短短的一年时间内共募集到了 8 000 个新造汉字。这条消息令人惊讶，也表明汉字在日本又开始大热，感兴趣的人越来越多。以前是"国字"，现在是"私字"。日本人带着"玩"汉字的心情，将汉字娱乐化的同时，也将汉字注入新的生命。

　　如："△"中加一个"米"字表示什么？

　　答案是"饭团（おにぎり）"。

　　再如上面一个"休"字，下面一个"父"字，组合成的字，意为"パチンコ（扒金库①）"，因为很多日本人成为人父之后，休息日的主要去处就是打"扒金库"碰运气。当然

---

① 中文一般称为弹子房、老虎机，是一种弹珠游戏机。

这些都属于非正式的"自创汉字"，但也是将万物符号化的一种创意。

实际上，日本人在汉字问题上始终有一种尴尬：一方面，日本人认为来自中国的汉字有其灵性，是远古时代在今天的鲜活存在；但另一方面，他们又因汉字身份系于中国，内心总有一种消沉与抵抗。著有《汉字与日本人》的高岛俊男说得到位：汉字是日语中令人棘手的"重荷"。但如果摘掉这个重荷，日语就会变得幼稚，甚至会死去。于是，他们就用他们的思路，不断创造新汉字和新用法。

在这方面，日本人表现出了灵气和才气。如他们在汉字字体的开发上投入了极大热情，而普通日本人对汉字的追捧也让日本的汉字产业持续隆盛，这也是个不争的事实。

更为主要的是，当富有逻辑性的汉字遭遇感受性的日语，产生的化学反应是出乎意料的。有阴阳相克的一面，但更多的是相融和相关。

如日本小学的汉字考试有这么一道题目："□肉□食"，要求填两个汉字。于是有小学生填一个"烧"字，一个"定"字，就变成了"烧肉定食（意为"烤肉套餐"）"。老师当然打叉了。答案应该填"弱/强"二字，构成成语"弱肉强食"。为什么"烧肉定食"就不能成为成语呢？对此，日本学者桥本阳介在《破解日语之谜》中说：问题在于形态的紧密性这点上。"烧肉（烤肉）"与"定食（套餐）"从内容上看并不具独立的要素，而是连带成"烧肉的定食"或"烧肉好吃的定食"，表明烧肉与定食之间，具有放入其他要素的可能。

而成语"弱肉强食"，内在的"弱肉"与"强食"是不可分离的。这种形态上的紧密性也就决定了在逻辑上不能说成"弱肉的强食"或"强食的弱肉"。"弱肉强食"最初出自唐朝韩愈的《送浮屠文畅师序》里的"弱之肉，强之食"。这里，在弱肉与强食之间放入了"之"字，表明不属于形态的紧密性范畴，只是普通的文字表现而已。但"弱肉强食"作为社会进化论用语的一个通俗表述，则是从达尔文开始的。

那位小学生填写成"烧肉定食"，从字义的逻辑看未必是不通的。如有人问：你今天中午吃了什么套餐？答：叙叙苑的烤肉套餐。有问题吗？没有。但这道题显然是想考四字熟语的，考查考生对四字熟语掌握的程度。所以，这里面就有一个形态的紧密性与要素不可还原的问题。从这个角度看，日本人学汉字汉文，其思路和着手点又有与我们不一样的地方。

再比如鸡蛋。日本的汉字有"玉子"和"卵"两种表记。烹饪之前用"卵"，烹饪之后用"玉子"的倾向比较明显。在日本的超市里，鸡蛋要么用"卵"表示，要么用假名的"たまご/tamago"表示，很少用"玉子"来表示。而料理店里则用"玉子"表示，如"味付玉子"，或者寿司店里的"玉子烧"等。日本人用"たまご/卵/玉子"指代汉字的"蛋"。但他们也不是完全不用"蛋"字，如"蛋白質/たんぱく－しつ"，虽然在书写中多数用平假名，但也有用"蛋白質"汉字的。

这种语言中的宿力，日本人叫"言灵"。日本人相信语言是具有生命力的，这种生命力中依附着某种内在的神灵。日本人常说自己的日语是"美しい日本語"（美丽日语），从逻辑上看，这美丽日语的形成，就与日本人相信的"言灵"有关。日本学生不太喜欢"親鸞"这位圣人，一个原因就是这个"鸞"字太复杂，至少有30画。但反过来，这位圣人用这个字取名，与其他僧侣比，恐怕更有学问吧。日本人就是这样对汉字进行联想的。

日本医学发达，脏器移植变得普遍。与此有关的新词也层出不穷："献体／献肾／献眼"。日本人喜欢喝啤酒，为了让肝脏多休息，造出新词"休肝日"。对死的判定不再是唯一的"心脏死"，于是造出"脑死"的用法。女性丰满的乳房，在日本有"巨乳／爆乳／超乳"的多种汉字表记，表明乳房从养育婴孩的器官变成了性爱器官。巨乳的女性上了年纪，难以抵挡重力，出现下垂老态。这也是非常残酷的事情。日本人又造语出"垂乳根"的说法，作为上了年纪母亲的代名词。读音为"たらちね／taratine"。

日本大街上的快餐店松屋，走进去，会看到大大的宣传海报：首先表明自己的快餐属于"無添加"，然后再表白如何的"無添加"："合成着色料不使用／合成保存料不使用／化学调味料不使用／人工甘味料不使用"。松屋是中国人的专门店吗？不是。既然不是，就必须佩服日本人的汉字和汉文水平了。

冬天的日本超市里有"厳寒厳選"的大字横幅，表明日本人很会活用汉字的音与义来表达自己的想法。鞋店里的广告"防水/防寒/防滑"，这"三防"与我们说得一样溜。在销售旅行箱的柜台，对新品种的介绍用了六个汉字："增/雅/量/軽/止/快"。可谓字字"入戏"。

居酒屋门前的招牌："串天各種/120円"。何谓"串天"？其实就是我们所说的"串烧"。那为什么要带"天"字呢？其实就是对"各種"的诠释，形容种类太多，可以把天给串起来了。游玩白川乡，一间屋子的墙壁上书写"白川村消防団中部分団第四班"，让中国游客觉得自己置身于国内一般。

他们将点心包装成"菓心遊楽"；他们也讲传统的"継往开来"；他们将车站前的便当叫"駅弁"；他们用"美白以上/乳液未満"表白美容心；他们用"侵入泥棒追放重点地区"表示这个地方小偷经常光顾，虽然中国人看不懂"泥棒追放"为何意；他们还在使用"優"字的繁体，醉心于笔画的繁多；他们诗意地起店名"一夜一夜""心花洞"；他们"俳意"地为糕点起名"反魂旦"，让人想起中文的"反混蛋"。

他们也直话直说"新装开店""青椒肉丝""所要时间"；他们在东京车站站牌上，将"新幹線"书写两遍，将"新干线"书写一遍。第一遍的"新幹線"是写给日本人看的，第二遍的"新幹線"是写给使用繁体字的中国港澳台人看的，第三遍的简体"新干线"是写给中国大陆人看的。

日本人的语言细腻还表现在灾害用语上。有公园的自治体贴出地震后该做些什么的告示："容器をご持参の上、中央公園にご参集ください"（带上容器到中央公园集合）。非汉字圈的外国人看了是有难度的。除了"中央公园"四个汉字好理解之外，其他意思都不太明白。虽然从格式上看是非常标准的公文，但对非汉字圈的人来说是非常不适合的。

于是日本人将其改成："入れるものを持って、中央公園に集まってください。"从原本的11个汉字减少到7个汉字。不要看只少了4个汉字，非汉字圈的人也因此能看懂这条灾害用语了。看来，汉字有时也有汉字之"笨重"。日本人注意到了，并加以灵活修正与调整，表现出语言自信。

最近十多年来，日本小说家有避免使用"々"字的倾向。如"鬱々"改用"鬱鬱"，"轟々"改用"轟轟"。朝日电视台播放的连续剧《轟轟戦隊ボウケンジャー》（《轰轰战队冒险者》）就是一例。显然这不是基于某种规范意识，而是考虑到汉字的表现力和震撼力。专门写百鬼百怪的京极夏彦，他的汉字能力超强。如厚厚的小说《百鬼夜行·阳》中，有"恐怖が悔恨が怒気が苦痛が悲哀"的句子，如果除去"が"，就等于是用中文在写作："恐怖／悔恨／怒気／苦痛／悲哀"。最为叫绝的是他故意将"キラキラ"用汉字"綺羅綺羅"来表记，以示青鹭鬼火的神秘。

在外面吃饭叫"外食"，这是从1990年开始的。在食品店买来的食物叫"中食",这是从 2006 年开始的。下班就回家,并在家里吃饭叫"内食",这是最近流行的叫法。外食—中食—内食,是向内收敛的一个结果。还有,中文中的"领奖台",日语是"表彰台",前者是选手的视线,后者是颁发者的视线。中文"广告牌",日本语是"看板",前者是广告方的视线,后者是过客的视线。中文"参观须知",日本语是"利用案内",前者是对参观者限定的视线,后者是既有对参观者的要求又有设施方的介绍的混合视线。

　　这些汉字组合,其实透出的就是一种感受性强于逻辑性的文化心机。这其中最具象征性的或许就是汉字"侘"和"寂"所表现出的精神世界。在日本人看来,带有岁月积淀、古色苍然的过程是侘。而寂与朽同义,展现出闪光透白的铁链上的青铜锈,一副扑簌扑簌的腐朽相。消灭的临近一瞬,就是寂。从这一意义上来看,日本人一年造字 8 000,与其说是玩疯汉字的节奏,还不如说是固守心魂的匆忙紧迫。

最美丽的颜色命名，来源于自然

万景路

　　曾看过日本一家大型服装公司发布的关于服装流行色的调查报告，该报告预测当年女性夏装的流行色将是以几种"传统色"为范本的色彩型。据此，该公司在市场推出了自己设计制造的"藤色""柳色""缥色"和"菖蒲色"四种传统色的清爽型麻布连衣裙，而且这种麻布还指定由滋贺县东近江的染工所染制，理由为全日本只有这家染工拥有特殊技术，只有这家才能保证把麻线染得恰到好处，让麻布保持住那种洗褪了色的自然表情。可谓是一"测"中的，当年的各式传统色麻布连衣裙都清爽得很，当然，也吸引了无数双欣赏这种传统美色的眼睛……

　　上面提到了"藤色""柳色""缥色"和"菖蒲色"四种传统色：藤色即为"青紫色"，柳色则为"青绿色"，缥色为

"淡青色"，而菖蒲色就是指带点青红的紫色。不直接说颜色，而是以植物、动物等的样貌来表现色彩，给人以一种形象、亲切、明快的美感，令人耳目一新。这种色彩分类，说的就是"日本传统色"了。

财团法人日本色彩研究所的资料显示，基于日本文化特有的色彩感觉，自古而今，"日本传统色"共形成了一千一百余种颜色。按日本人的说法，这种传统色彩的命名方法，脱胎于日本社会的传统文化及贯穿古今的日常生活积累。远古时期，日本人过着与自然紧密相连的生活，他们一边留意四季的变化，一边欣赏自然之美，然后把自然的颜色慢慢转移到了自己的衣着上，并命名这些自然的颜色来表现他们对色彩的认识，这应该算是"传统色"的萌芽阶段吧。

可以说，每一种源自大自然的颜色都是可爱的，尤其是火山、地震的频发，使得古代日本人尤其珍视世间的一切美好之处、美好之物，对大自然特别敏感的日本人正是抓住了蕴含在这些极端或平常现象中的那些瞬间、永恒的绚烂色彩，才把它们形象地描绘在生活里的各种物事中，而这些广泛运用于和服、饰品等传统手工艺中的形象的色彩，就是"传统色"的最好写照，让人一睹就会有一种色彩"鲜活了"的感觉……

从平安时代始，日本传统色名称成了日本古典文学中经常使用的颜色用语，然后经过一千多年时间的沉淀、凝练，细腻、感性的日本人截取动植物颜色用于日常生活，范围越来越广，传统色队伍不断扩大，终至形成了今天这个独具日本文化特色的传统色大家族。

樱色、山吹色、莺色、曙色、露草色、东云色、朱鹭色、江户紫、浅葱色、勿忘草色、萌葱色、海松色、杨梅色、媚茶色、狐色、白鼠色等等，把它们嵌入由汉字、平假名和片假名组成的那如山峦起伏、小桥流水般的日语中，传统色名给语言带来的色彩感、立体感，在视觉、听觉的双重冲击下，让日语更显得风情万种。

美味不敢独享，美色不应独占。在此，笔者介绍一些有趣的日本传统色，希望我们能在繁忙的工作之余，偶尔停下脚步环顾一下四周，也许你不经意间就会发现，自己正被美好的色彩包围着，似乎四季正在你的身边悄悄流转……

先来看日本人尊崇的"藤色"，因为紫藤的"藤"字与平安时代的权贵藤原氏的"藤"字相通，因此，藤色在日本被视为高贵的颜色，也是贵族的象征色。换言之，在古代只有贵族男女的服饰、用具等才可以藤色制作。平安文学的代表作《枕草子》里就有用紫色和纸书写和歌的记载，而且还有系着浪漫藤花的情书往来之描述。确实，淡雅柔和的藤色，是能衬托女性美的颜色。藤色在今天已不再是贵族的独专，而是成了现代女性喜爱的传统色之一，在她们的包上也常见各种藤色小饰件的存在。夏日里，一身藤色麻布连衣裙，一把藤色小折扇，更是让现代女性透显出高贵、典雅、兼具无限风情……藤色除了传统色之外，还包括"蓝藤色""淡藤色""白藤色"等等。每逢藤花季，日本各处的藤园就会涌来大批的赏藤客流连于藤架之下，或饮茶赏藤，或和歌相和、藤纸书怀，风雅一如当年。

提到藤色，不能不说说江户时代出现的另一种传统色"江户紫"。当时，因受《伊势物语》中和歌的影响，紫草成了武藏野（东京郊外，昭和天皇陵所在地）的象征色。于是，江户人研究制作出了更加趋于蓝色的新紫色，并自豪地以"江户紫"命名，别称"今紫"，乃为区别京都的"京紫"而来。当时的歌舞伎演员的头饰和艺装就经常使用这种江户紫。这是一种常见却不容易搭配的颜色，但因其典雅中透着庄重，故一般多被用于各种仪式性的场合，如日本政府新闻发布会后饰墙帷幕、重要场合使用的桌布等，就常用"江户紫"来装饰。

在日本的传统色中，还有一种颜色接近于"藤色"，那就是"桔梗色"。桔梗色是一种比藤色更加趋暗的紫色，由夏而秋，桔梗会开出像吊钟一样的紫色花，晨雾中看桔梗花儿，就仿佛一串串青紫色的葡萄隐映于眼前，桔梗色的名称即来源于此。天皇家有一个门就叫作"桔梗门"，由此可见日本人对桔梗色的重视，这也印证了桔梗色是青紫系颜色中具有代表性的传统色之说法。

说到清晨，自然就想起了另一个传统色，即"东云色"，这是一种象征日出东方的黄红色，预示着生命的起始与轮回。东云色也被称为"曙色"，不过，无论哪种称呼，名字都很美，颜色当然也漂亮，如果把这种颜色融入酒杯中，那就像极了笔者曾喝过的一种充满热情的鸡尾酒"龙舌兰日出"了，据说这是江户时代出现的比较新颖的传统色名，截取了黎明瞬间美感的江户人给颜色命名的智慧不仅令人赞叹，更令人直想来杯龙舌兰日出以应景相和。

还有一种传统色也是颇有意思的，具有黄色色彩，叫山吹色，也就是棣棠花的颜色，在日本，棣棠花被叫作"山吹"。这种颜色介于黄色和橘色之间，属于一种令人感觉温暖的亮黄色。据说平安时代的女子就常用山吹作为发饰。因山吹花盛开之时亦是春光明媚之季，山吹在日本文化中逐渐成为春季的代表意象，因此还被选为春的"季语"[①]。据说在《万叶集》中，写山吹的俳句就有17首之多。最有名的还属江户时代著名俳人松尾芭蕉的"ほろほろと山吹ちるか滝の音（山吹凋零，簌簌而落，瀑布之音）"，也正因了这些，山吹色毫不张扬但又无可争议地成为日本传统色的一种。

另一种传统色"女郎花色"，也与黄色贴点边，但实际上这是一种柠檬色，介于黄色和淡黄色之间，是明快的。只是听这种传统色名，一阵风过，恍惚间，就让人仿佛闻到了黄裙女郎在身边飘过留下的带着柠檬香的清爽气味，给炎炎夏季平添了一丝凉意。这种传统色也是出现于平安时代，得名"女郎"，则是因当时身份高贵的贵族女性喜穿这种颜色

---

① 能代表季节的词语，日本俳句中要求必须出现一个季语。

的和服之故。

说罢黄色系列，我们再来看看其他传统色。

"一重梅"，这是指梅花刚开时的一种粉红色，颜色介于红梅色和薄梅色之间，是平安时代贵族女性在冬春交际梅花盛开的时候常穿的一种和服颜色，这也是平安文学着墨颇多的一种传统色。素洁中透着高贵，即使今天也广受日本女性的欢迎。与梅花相关的传统色还有"梅重""雪下红梅""梅鼠"等等，这些梅花系传统色名，无不给人一种丰富的想象空间。

"抚子色"也是自平安时代开始使用的一种传统色名，据说其来源于传自中国的石竹科植物"瞿麦"，因此它在日本还有个别称叫"唐抚子"，也称"石竹色"或"瞿麦色"。这是一种近乎粉红色，或曰"桃色"的花色。因瞿麦所属的石竹科植物通常会给人以娇小、淡雅、柔美的感觉，抚子色也因这些惹人怜爱的特色而得名。也正由此，"抚子"在日本还多被用作人名，所谓的"大和抚子"就是日本人创造出来的抚慰他们心灵的治愈系良药。而"抚子花"还是日本"秋之七草"［萩（胡枝子）、尾花（狗尾草）、葛花、抚子花（石竹）、女郎花（女萝花）、藤袴（兰草）和桔梗（另一说为牵牛花）］之一，具有养生的药用价值。

笔者喜欢抚子色，因为它还能令人想起京都的古韵，垂枝的樱花，以及和画中常看到的平安少女脸颊上那似有若无的一抹绯色，总之，一切的轻盈、温柔、美好尽被囊括其中。君不见，那抚子色的和服、和饰物透出的淡雅之美，不知打动征服了多少男人的心……同样，在快节奏的今天，年轻女性也爱用这种给人以冰冷感觉的抚子色电脑、ipod、耳机等，这增加了她们的美感与温柔感。

媚茶色，颜色特征为深绿色中带点暖心的黄色。媚茶虽然名中带"媚"，却一点也不媚，其名字的出处也与"媚"不相干，其实，它来源于"昆布（海带）茶"，即"像海带一样的茶色"。因"昆布"的日语发音是 konbu，在方言中就被渐渐说成了近似于"媚"的发音"kobi"，所以，本应是"昆布色"的这种传统色，慢慢就变成了"媚茶色"。其实，这种"媚茶色"就近乎我们的草绿色，通常给人一种粗犷、阳刚、成熟的感觉，女性穿上这种颜色的服饰，"英姿飒爽"就是对她们最好的褒美了。

在江户时期出现的传统色中还有一种一开始属于成熟男性代表的颜色，即"纳户色"。这是一种比普通蓝色稍深，比湖蓝还暗些的色彩，属于比较耐看的颜色。据说这个传统色名是来自"收纳衣服和家具的库房入口挂帘的颜色"，与传统日料店的蓝色门帘儿类似。许是这种颜色耐脏并给人以厚重之感吧，无论在江户时代，还是今时，纳户色作为和服的颜色也都有着很高的人气，即使不是和服，一件白色 T 恤加一条纳户色牛仔裤，依然是现代男人永不过时的百搭经典装扮。

我们再来看看以动物命名的传统色。"鸨色"，是朱鹮那长长的羽毛的颜色，属于一种红中带棕、棕中又带有灰色的色彩，不张扬却透着高贵，因此鸨色的和服很受古代贵族女子欢迎，就是因为它虽不花哨，却充满了华贵之感。而用于现代，因其水嫩的感觉很适合年轻女性，故当代又名其为"少女色"。据说这种色彩很适合用作女孩子的腮红，淡而隐忍，而且还与许多色彩鲜亮的春装很搭，显得极为优雅。鸨色除了能让日本女性的肤色变得更美，还可以用在指甲油中装点指甲，也可以用在手帕、手镜等小配件上增加美感。总之，这种传统色似乎专为女性而生。

"莺色"，属于素淡的黄绿色，如同树莺羽毛一样的颜色。春天许多树木的新绿，如梧桐嫩叶等，都较为接近这种颜色。这种传统色也诞生于江户时代。那时流行把树莺当宠物来养，因此也形成了穿莺色衣服的风尚。江户幕府守旧，禁止穿鲜艳的衣服，这反倒使得莺色很受放眼皆素色的江户人欢迎，也算是江户人对幕府无声的抗议吧。

再来看以地名命名的传统色。"新桥色"，这个传统色其实距今天很近，它诞生于明治时代后期。当时，随着化学染料的引进，日本开始出现新的颜色。而新桥色与往日从动植物中提取的天然染料完全不同，是一种以新染法制成的集鲜艳和素雅于一身的淡淡的蓝颜色。这种颜色一问世，即被喜欢追求新鲜的东京新桥地区的艺伎们所钟爱，因此，也是她们最早把这种颜色用在和服上，引领了时尚，后来这种时髦的淡蓝色，就被人们说成了"新桥色"。驰骋想象，蓝天下、樱树旁，身着"新桥色"和服的艺伎鼓琴而歌，那种和谐、相融，令人心向往之。

与"新桥色"相近，还有一种传统色叫"瓶窥色"，名字很古怪，其实就是灰蓝色，属于最浅的蓝色。将布料、丝线在装有染料的蓝瓶里只浸染一次，染出稍稍能看出一点蓝色来，就是"瓶窥"了。"瓶窥"这个名称也是江户时代出现的，从这个"瓶窥"中，我们窥到了江户人那有趣的想象力。

多达一千一百余种的日本传统色，若想一一道来，那要写成一本厚厚的砖头书了，绝非数千文字所能说得清的，故而就此打住。不过，笔者希望读者能够通过对日本人这种与众不同的视觉感应的了解，感受日本的文化之美。更重要的是，我们要知道，这些让我们感觉到美不胜收的传统颜色名，完全是日本人在由大陆传来的汉字的基础上，加上他们自己的传统审美观而发扬光大的，而这也正是日本"国风文化"的产生方式之一。

在日本，重新爱上钞票

张 丰

在日本三个月，我的手重新找到了数钱的感觉。吃一碗荞麦面，递上一张万元钞票，找回 8 950 日元。一张 5 000 日元，3 张 1 000 日元，剩下的是硬币，有 500 日元、100 日元和 50 日元的。我把它们归纳整齐，放进钱包。心中计算一下，等会儿买咖啡，我只需要使用硬币就够了。

回归"现金时代"

刚来日本的时候，还住在酒店，对支付遇到的困难准备不足。有一天晚上从酒店步行 2 千米去看东京塔的夜景，口袋里揣了 3 000 多日元，以为足够晚上"浪"了。从东京塔回来，路过一个水果店，被一串葡萄吸引住了，一问价格，1 500 日元。考虑到不能给中国作家丢脸，便鼓起勇气买了。

那是我这辈子吃过的最好吃的葡萄，有童年夏天的味道，还没有回到酒店，我就吃完了。接下来是居酒屋，在网上看到一个让人开心的消息，决心庆祝一下，点了一个"鸡肉锅"，要了一杯啤酒。鸡肉倒是一般，但是里面有很多种蔬菜，这是我中意的。邻桌的人看着我，有点羡慕，他们的一碟小菜或毛豆，相形之下真是太寒酸了。等我结账的时候，才发现不对：这一顿也不算太贵，3 000多日元，但是很不幸，我刚吃了一串葡萄。

我只有启用翻译软件和店员沟通。"微信支付？"店员摇头。"支付宝？"店员又一头雾水。想想平常这两家支付端巨头是多么不可一世，但是太阳下还有它们覆盖不了的地方。

在这个时候，平常看起来通天的手机，变成了"板砖"。我只有最后一个办法，把口袋里2 000多日元给他们，然后把手机也抵押了，"这是iphone 8，怎么说也值1 000日元吧，放在这里，我回酒店去取。"店员好歹同意了。估计他很久没碰到过这么不靠谱的人了吧。

我很快从酒店拿来万元大钞，过来之后继续坐下喝酒，这样或许能减少一点尴尬——从那之后，我身上就开始携带大量现金了，三个月，再也没有使用过手机支付。重新回归"现金时代"，让我有意想不到的收获，第一条就是发现自己已经变得相当愚蠢，不会算账了。

在日本访问，基金会的老师会帮我联系一些参观项目，或者买某一场比赛的门票，她们要先自己垫钱，等见面的时候，我再还给她们。对这样的事情，我内心充满感激，也很把还钱当一回事，都是事先准备好。第一次还钱的时候，是2 600多日元，我认真准备，递给基金会朋友2 400日元，然后还一脸真诚："谢谢您的帮助，真是给您添麻烦了。""没有麻烦，但是您给的钱还差200……"

我敢保证，我的脸当时就红了。我感到对不起曾经当数学老师的老爸。我的数学虽然不好，但是小时候算账还是很厉害的。小时候和父亲一起路过菜农的卖菜车，他会很随意地买一些番茄、黄瓜、青椒之类，然后给出10元钱，留下我在那里看秤和算账，我从来不会出错。谁能想到，如今退化到和一个傻子差不多了呢。

第二次，基金会的黑川女士帮我缴纳了一场讲座和一次跑步的报名费，我要还给她4 665日元。提前一天，我就开始准备，利用午饭和晚饭换来各种面额的钞票、硬币。见面的时候，我非常有把握地给了她一堆钱。她大概理了一下，然后推给我一个10元的硬币，"您给多了啊。"这让我再次感到沮丧，已经很认真数了好几遍，还是错了，这就像读书的时候，补考也没考及格一样。

习惯硬币

手机支付和现金支付，不光是支付手段的不同，也是两种生活方式甚至是价值观的区别。

在国内，我早已养成了微信支付的习惯。买东西的时候，只是手机内数字的变化而已，这是眼睛能够看得到的，是视觉意义上的"损失"。所以，很多朋友都抱怨，自从有了手机支付，自己花钱变得更容易了。"零钱"仿佛根本不是钱，更没有从钱包里掏钱的心疼。"零钱"花完，可以直接关联银行卡支付，卡里没钱，还可以用"花呗"。

你有多久没数过钱了呢？在成都，有老师发现，有的孩子根本认不出人民币，因为他根本没怎么见过，更没有亲手花出去过。

比起手机支付，现金要复杂得多。它需要触觉，也需要思考。在便利店每一次支付，对我来说都是一次"整体思考"行动。日元虽然"不值钱"，但是每一件商品都精确到个位数，我需要给出一个组合方案，拿出几张纸币，再配合不同的硬币。不然的话，积攒的硬币就会越来越多，走起路来叮当作响。

刚来日本的时候，总觉得硬币特别麻烦，每次拿出一千、五千或者一万的纸币，都会收回一大把硬币。但是时间久了，发现硬币使用起来非常方便。尤其是夏天，车站和街边的饮料贩卖机随处可见，投进硬币，一秒钟就出来饮料和找零。慢慢地，我不再嫌弃硬币，随手一摸，就能根据重点摸出硬币的面额，在结账的时候，能够非常巧妙而熟练地使出硬币，收银台小姐姐一脸欣赏。可以说，是否能够熟练使用硬币和乘坐地铁，算是"习惯日本生活"的两个标志了。

我变得更加爱钱，更加节约了。每一次支付，我都小心翼翼，精打细算。原来，没有手机支付，也并不感到"落后"和"不便"。以在便利店为例，在东京和成都，我都习惯在"全家"买东西，但是每次用在支付上的时间，其实也差不了多少——再说了，你真的忙到要节约那 3 秒钟吗？

移动支付不发达的原因

在成都的时候，我曾经连续 20 天身上没有带过一分钱，甚至连钱包都没有。有一天我午饭后乘出租车去公司，司机是一位六十多岁的男子。到公司楼下，我习惯性地掏出手机，准备扫他提供的二维码转账，没想到他勃然大怒："早知道你没钱，就不拉你了。没钱为什么不早说呢，我最烦使用手机。"

我没有办法，只有赶紧打电话给公司同事，快一点拿 20 元现金下来，才让他的情绪稍稍平静下来。我突然明白，他并不是对我生气，而是对这个时代发火：你们倒是方便，但是否考虑到有一些老人，还不会使用智能手机呢？谁又规定，出租车司机必须使用手机支付呢？

在我们的文化中，会把不使用移动支付的人塑造为"被时代淘汰"的"落后分子"，仿佛不同的支付方式都具备了不同的道德含义，被"淘汰"的人，应该感到"惭愧"，应该"努力追赶"，否则就活该被扫入历史的垃圾桶。

但是，在世界上率先发明二维码并且拥有孙正义这样有眼光的企业家的日本，却仍然以现金支付为主。有朋友在日本买地，背了3 000万日元现金过去，卖家是个老人，看到现金，就像看到了还很绵长的未来一样。

日本移动支付不够发达，有多种原因。没有出现支付宝和微信这样的垄断性的公司，人们更看重自己的个人隐私，不想让自己的消费行为变成商家的数据，这些都是重要原因。但是在我看来，还有一个更重要的原因：一个社会是否"进步"，不能简单以快来衡量，不能以那些聪明人、有钱人的标准来衡量，也不能简单根据年轻人的利益来衡量，而是更应该看重那些"笨的""落后的""老年人"的感受，应该看一个社会的最"困难"的人群是否幸福。

日本人为什么比中国人
晚近两千年才开始"悲秋"？

张　石

1994 年，我到日本后迎来第一个樱花盛开的季节，满树的樱花如云如雾，但是由于我一边学习一边打工，没有时间细细赏花，到了风吹花落的时候，我觉得有些后悔，没有在到日本的第一个春天饱览樱花之美。

有一天，我的日本朋友突然打电话来，让我和他一起去赏花，我惊诧地说：樱花差不多都已经落了呀。他说：落樱才是最美的呀。

我应邀来到了上野，两旁的樱树上只剩几片樱花的残瓣随风飘荡，不时也有花瓣顺着微风以优美的曲线落下，而地上铺满落樱，蜿蜒成淡红色的花路，天色渐晚，月光如银如水，晶莹着静静延伸的落红，有人坐在树下落花旁饮酒，一声演歌，如泣如诉，不由使我觉得落花真的很美，便写下如下诗作：

> 樱雪飘落
>
> 天籁寂静着凋零
>
> 老树无声
>
> 倾听春天离去时
>
> 书写淡红色签名
>
> 日本人本不悲秋

日本人是这样喜欢落花，这和中国人的情趣大不相同。在中国，万物萧瑟的秋天，总是诗人们悲叹的对象。诗人们经常是"惜春悲秋"，可谓"自古逢秋悲寂寥"（刘禹锡《秋词二首》）。

《诗经》虽较少言"秋"，但一旦言"秋"，则会悲从中来。《诗经·小雅·四月》云："秋日凄凄，百卉具腓。乱离瘼矣，爰其适归？"意思是说："秋天真让人悲伤啊！百花凋零百草稀，我也遭难，被凋落的心境折磨得如此憔悴，前途叵测难以安宁啊！"而越到后来，悲秋的色彩也就越浓重，到了《全唐诗》，悲秋之诗就更多了，深刻影响古代日本诗人的中国诗人白居易是一个以悲秋出名的诗人，他的《暮立》诗云：

> 黄昏独立佛堂前，满地槐花满树蝉。
>
> 大抵四时心总苦，就中肠断是秋天。

在《万叶集》成书的时代编撰的日本人的汉诗集里，也会偶尔见到一两首有悲秋意味的汉诗，但那是亦步亦趋学习中国诗人的诗作，而在纯粹的日本和歌集中却很少看到。在中国的《全唐诗》中，悲秋之诗不胜枚举，仅在潘百齐先生编的《全唐诗精华分类鉴赏集成》"秋季门"选的 27 首诗中，以秋见悲的多达 19 首。而在日本最有代表性的和歌集《万叶集》中，与"秋"字有关的诗，大约 140 首，而纯粹以秋见悲的诗，几乎一首也没有。在日本万叶诗人的笔下，秋天简直是美不胜收："暮逢朝不见，隐野散美萩。秋风阵阵吹，红叶似落霞。"（《缘达师歌一首》，《万叶集》第 1 536 首）。

《源氏物语》的《薄云》中也说：在唐土，人们都说没有比春花似锦更美的了，而用大和的话来说却是：秋风秋景，意境更深长。

中国人最喜欢生机勃勃的美，"美"的原意是"大羊"，壮大而饱含生命力的壮观，是中国人美的源泉；而日本人更喜欢寂灭之美，他们认为"灭"与"死"的不能穷尽之神秘中，有生命不可企及却永远为之吸引的"大美"。

日本人后来也开始悲秋了，如平安时代前期的敕选和歌集《古今和歌集》中，第四卷和第五卷分别为"秋歌上"和"秋歌下"，在那里收录了 144 首和歌，其中悲秋之诗约有 16 首。如：

"秋上·189"的佚名和歌：

秋色染大地，昨事今已非。凉风阵阵起，我身不堪悲。

"秋上·193"的大江千里所写的和歌：

仰头望月，百事伤悲。万物凋零，非我独秋。

"秋上·215"的佚名和歌：

深山踏红叶，凄然闻鹿鸣。呦呦动我心，此时最悲秋。

大概就是从这个时代开始，日本人就开始在自己所作的和歌中正式"悲秋"了。

那么，为什么日本人"悲秋"比中国人晚了近两千年呢？

《诗经》是中国最早的诗歌总集，收录西周初年至春秋中叶（约前11世纪—前6世纪）的诗歌305篇，原本叫《诗》，又称《诗三百》。从汉朝起儒家将其奉为经典，遂也谓之《诗经》。整部《诗经》收录作品跨越了大约500年。

《万叶集》是日本最早的诗歌总集，在日本，其地位相当于中国的《诗经》。据信是在奈良时代末期编成，共收录20卷、4 500多首和歌，大致包括描写宴会和旅行的《杂歌》、男女情歌《相闻歌》和悼亡歌《挽歌》，收录了7世纪上半叶至759年（天平宝字三年）130年间的作品，对于成书年代和编者，历代学者众说纷纭，一般认为《万叶集》经多年、多人编选传承，约在8世纪后半叶由大伴家持完成，其后又经数人校正审定才成今传版本。

《古今集》全称《古今和歌集》，是日本最早的敕撰和歌集，由醍醐天皇下令、以纪贯之为首的宫廷诗人于公元914年左右编成，共收1 111首和歌，多为短歌。

从《诗经》最早的作品到《古今集》的编撰，时间跨度近两千年，而为什么日本人在《万叶集》里几乎不悲秋，在

《古今集》就开始尽情悲秋了呢？

诞生了《诗经》和唐诗等的地区，其地理文化主要属于中原文化，中原文化以河南省为核心，以广大的黄河中下游地区为腹地，逐层向外辐射，影响延及海外。中原是中华文化最主要的发祥地，长期处于中国的政治、经济、文化中心。中原地区四季气候分明，冬季万物凋零，寒冷干燥，而秋天的到来是冬季的前奏，所以容易让人触景生悲。也许中国诗人"悲秋"的感情源头，正是来自于此。

而《万叶集》的发源地古都奈良，位于日本纪伊半岛中央，近畿地区的中南部，是日本历史和文化发源地之一，森林覆盖率极高，日本仅植物的种类就比欧洲多十倍以上。这里气候基本四季如春，自古以来以采集野果等植物和渔猎维持或补充生计的生产文化也相当发达。生活于温暖多雨、四面环海的环境中的日本人，生活上要比在寒冷干燥的中国北方的中国人舒适得多，因此他们不具备悲秋感情的文化地理环境。

稻种传入日本以后，日本文化由原属新石器时代的以渔猎采集为主的绳文文化，跨进了金石并用、经营水稻栽培、储存粮食与畜牧并重的弥生时代。这个时代大约从前3世纪中叶一直延续到3世纪中叶。

对于稻作文化而言，日本的地理环境是得天独厚的，日本河流短促，水量充沛，北部和东北地区有大量积雪；在平原地区，扇状地形较多，在这扇状的端部，有地下水自喷，对稻米生产十分有利。而在冲积平原的微高地之间的后背湿地，则不需人为引水也能形成稻田，因此日本人非常热爱自己丰饶的自然，基本上没有"与天斗，与地斗"的思想，仍旧不具备"悲秋"的情感原型。

而后来日本大量吸收中国中原文化，共向中国隋唐派遣过 4 次遣隋使和约 20 次遣唐使，也派遣了许多来中国学习佛法的学问僧等。当时日本的中国典籍大多数是通过遣隋使、遣唐使、留学生、学问僧带回日本的。在 7 世纪上半叶至《万叶集》作者活跃的时代，日本在不到百年间大约向中国派去了 12 次遣隋使和遣唐使，对中国的文化还来不及全面吸收，但是到了《古今集》时代就不同了。一方面，宽平六年（894），廷臣、令外官菅原道真向第 59 代天皇宇多天皇建议，唐朝由于安史之乱动荡不安，派遣唐使等赴唐不仅很危险，而且也不利于日本文化的独立发展，宇多天皇接受了他的建议，停止了遣唐使，直至唐于 907 年灭亡，再无遣唐使；另一方面，日本人在这段时期已经开始大量仔细消化中国文化，中国文化的影响已经深入骨髓，《白氏文集》《文选》等已成了日本文人的必读书，白居易等中国诗人浓重的悲秋意识也就深深地渗透到了日本人的诗歌中。

但是这种"悲秋"的情感至今没有全面渗透到日本人的生活与艺术情感之中，他们喜欢凋零之美，喜欢落花残叶，喜欢枯淡静寂，"悲秋"是他们的一种历史性模仿，而不是他们的心理原型和文化动力。

日本人怎么过圣诞节和新年

伊藤日实子

圣诞节原本是西方的节日，并非日本的传统节日，也不放假，但日本的家庭非常看重圣诞节。尤其是小时候的圣诞节回忆，现在回想起来也觉得很温暖。

小时候，每当圣诞节来临，我们家和日本的其他家庭一样，把一棵圣诞树摆在客厅。12 月 25 日早上起来，就能看到礼物和圣诞老人写的信一起放在圣诞树旁边，我通常会兴奋地跑过去，第一件事就是撕开包装。每年的礼物都是那一年我想要的东西，信的内容则是"圣诞快乐，好好听父母的话，好好学习，记得好好照顾自己"之类的。其实那些信一直是妈妈写的，后来我们长大了，她开始担心会露出破绽，到了我弟弟也收圣诞礼物的时候，她开始用电脑打字写信。

关于圣诞礼物，每年刚进入 12 月，父母就会提前问我：

"你今年向圣诞老人要什么样的礼物呢?"又会补充说:"因为圣诞老人要给每个家庭的孩子都送礼物,所以你不能要太贵的东西,我觉得大概 5 000 日元比较好。我们可以一起去玩具店看看。"这样一来,每年到了圣诞节那天,"圣诞老人"都会给我带来我想要的礼物。

我们家有一个规定:不能买游戏机。因为父母一直觉得玩游戏不好,所以每年的礼物都是洋娃娃或者黑白棋之类。小学三年级的时候,也不知道为什么,我突然很想要自己的日语词典,后来有一次,我没有把词典收好,我爸爸看到之后就对我说:"那是我给你买的词典,你要好好珍惜哦!"那时候我才发现:圣诞老人原来是我爸!后来我爸妈还专门对我说:"这件事先不要告诉你的弟弟们,等他们长大了之后再跟他们说。"我还记得,那时候我感到了一种优越感,因为这件事情证明我长大了。

所以,关于圣诞节,在日本一个比较常见的讨论是:什么时候让孩子知道圣诞老人不存在最合适呢? 对于这点,有的孩子是从父母那里知道的,有的孩子是从朋友那里听说的,曾有一个调查显示:54% 的小学生在四年级之前,就已经知道了圣诞老人原来只是存在于传说中。家里有这个年龄以下的孩子的父母和哥哥姐姐,或是小学老师,都会非常小心,不能太早破坏了孩子的梦想。

日本成年人的圣诞节有一点和欧美不同,那就是:上了大学之后的圣诞节,通常都是情侣一起过。因此到了 12 月,跟朋友聊天的中心话题都是要送什么礼物，是送手表呢？还是毛衣呢？或者圣诞节要怎么过，是在外面吃饭呢？还是干脆订房呢？我和男友都嫌弃外面人太多，所以基本上每年都在家里过，亲手做比平时丰盛一些的饭菜，吃饭喝酒，交换礼物，回顾一年。

在日本，从11月中旬开始，城市的街道上会开始张灯结彩，洋溢喜庆的气氛。神户市内、大阪御堂筋、环球影城，这些地方都有灯光秀，周末晚上非常热闹。各个商场和店铺也把圣诞节看成商业促销的好机会，在10月就开始推出圣诞蛋糕预约，一些五星级酒店的知名蛋糕店的圣诞蛋糕很快就会售罄。

这个季节的晚上到处都是大大小小的灯饰，放着圣诞歌曲，情侣满街都是。所以回家路上，哪怕你没有异性朋友，也能感受到圣诞节的快乐氛围。日语有一个流行词叫"クリぼっち"，意为"圣诞单身狗"，每年到了这个季节，推特热门话题上都可以看到自嘲没有人一起过节的"单身狗"。在日本，圣诞节虽不放假，但所有日历上都会写着"圣诞节"，它已经成为国民级的节日。

除夕则是日本的传统节日。日本的寺院在除夕的时候会敲钟，叫作"除夜之钟"。网上有人开玩笑说："日本人过基督教的圣诞节，过佛教敲钟的除夕夜，过神道教参拜神社的元旦……明明是三种宗教的不同文化，日本人却都喜欢。"

圣诞节、除夕和元旦去不同的地方，已经成了日本人生活的一部分，对我们来说完全不觉得奇怪。这种想法也许是源于日本神道教，就像吉卜力的电影《千与千寻》里也有"八百万神灵"① 来客一样，日本人从很早之前就接受了"万物皆有灵，所到之处皆有神"的观念。所以日本人能够接受各种各样的宗教，形成了如今在年末年初三个宗教的节日连着过的习惯。

我在大学里学中文的时候，老师说中国春节的氛围很浓，说中国的春节联欢晚会类似于日本的红白歌会。日本人在除夕的时候很喜欢看"红白歌会"，"ダウンタウンのガキの使いやあらへんで（绝对不准笑）"也是年轻人喜欢的一个节目，但是"绝对不准笑"2021 年因为各种原因没播出，很多人都说可惜。另外，我的中文老师还讲过中国有发压岁钱的习俗，在日本叫作"お年玉"。我小学六年级的时候，爷爷奶奶给我 5 000 日元（约合人民币 300 元）左右，高中后就给我 1 万日元（约合人民币 600 元）。而且因为我的爷爷和奶奶、外婆和外公都离了婚，所以我拿到的压岁钱比别人更多。在日本，给小辈压岁钱，一般要给到小辈办完成人礼，有的长辈也会给到小辈上班为止。2019 年大学毕业开始工作后，我就再没有拿到压岁钱了，还要给弟弟和表弟压岁钱，突然觉得当大人也不容易。

---

① 日本神道的一种说法，认为万物皆有灵，所到之处皆有神。《千与千寻》里出现了春日神、萝卜神、河神等神灵。

在中国庆祝新年，喝酒是不可少的，日本则并不是这样。我小的时候，妈妈经常跟我吐槽，说我爸爸那边的亲戚都不能喝酒。我妈妈和她那边的亲戚都很爱喝酒，但如果她一个人喝酒会有点尴尬，所以她跟我爸结婚之后新年基本上都不喝酒了。当然，也有很能喝的家庭，我有一个朋友告诉我，他新年每次到爷爷奶奶家时喝酒都很厉害，桌子下面堆了很多 1 800 ml 的清酒瓶子。我和弟弟长大了之后，妈妈说她很高兴，因为我们成人了，她就有了可以一起喝酒的人了。可见，爱喝酒的人嫁到不喝酒的家庭，可能会变得有点儿不方便。

新年全家团聚的感觉，日本也不如中国那么浓烈。我大概在高中的时候开始不想跟爸爸妈妈一起过新年，而是很想和朋友一起去敲钟，拜访神社，买"御守福袋"①。但是工作之后，回家的次数不如大学时那么多了，现在反而变得好想回家陪爸妈一起好好过年。

---

① 功用类似护身符、平安符。

端午节与鲤鱼旗

唐辛子

　　小时候在家乡湖南，每年端午节过得比春节还隆重：外婆提早几个月就做好的咸鸭蛋，只只敲开来蛋黄都是冒油的，油多得从手心一直流到手背上；手工粽子不含防腐剂也不添加任何味道，自带浓郁的粽叶清香，诱人食欲，一口气可以吃下三个。当然还有浓烈的雄黄酒，小孩子不能喝酒，但个个都在眉心被大人点上了雄黄，点得又圆又大，不分男孩女孩，人人看起来都像哪吒，活蹦乱跳仿佛每个小孩儿都拥有了抽龙筋的大力气。当然最热闹的是汨罗江的龙舟赛，小时候跟大人去看过一次，但人实在太多，龙舟没看到，汗流浃背的大热天里，只看了满眼的大人们的后背，像一堵不透风的墙，多年后那墙在记忆里都无法倒塌。

　　带着这样的端午节记忆来到了日本，才发现原来日本也是有端午节的，日文写作"端午の節句"。

从字面来看，两国端午节相近，但仔细一了解，才发现内容大不一样。

中国人的端午节是用来纪念的：吃粽子，划龙舟，纪念爱国诗人屈原。千百年来风风雨雨，改朝换代，但中国人始终爱国，不仅爱出粽子这道美食，还爱出一个传统节日。

日本人的端午节是用来希望的：每个家庭中未成年的小男孩，在端午节都拥有一面在蓝天下高高飘扬的鲤鱼旗。"少年よ大志を抱け"——少年啊！要胸怀大志。鲤鱼要跳过龙门才能成龙，少年要胸怀大志才能长成男人。端午的蓝天下，每一面高扬的鲤鱼旗，都是一份穿越时空的期盼。

不过，日本人对于端午节的"希望"，是无意中被挖掘出来的。最开始的端午节并不是现在的模样。追溯到奈良时代，宫廷贵族们过端午节，也和中国一样会装饰菖蒲避邪，天皇会发放药丸给众臣驱毒。那个时候日本人的端午节还没有鲤鱼旗。

鲤鱼旗的出现，跟日本的武家有关。如果你看过日本的战国历史剧，一定会记得古代的日本武士，和古代中国的战将一样，都是要在自己的盔甲上插上小旗子的。这些插旗上通常都绘有自己的家纹。换言之，这些旗子是武将们表明身份的符号。晚春五月的天空特别晴朗，武士们的插旗在经历了整整一个冬天之后，必须拿出来放到阳光下晒一晒，晒去潮气之后既防虫蛀，也预防在即将到来的梅雨季节长霉。

武士们晒出的插旗迎风飘扬，非常好看。于是普通百姓也开始模仿。但普通百姓是没有家纹的，便在晒出的旗子上画上自己喜欢的传说人物。最受欢迎的是钟馗和金太郎。钟馗是中国人，金太郎是土生土长的日本人——这一老一少，被大人们赋予无限祈愿，共同守护寻常百姓家中的孩子长大，也算得上是中日友好的先驱了。这个时候的旗子，鲤鱼还没有出现，因为源自武家，所以被称为"武者绘旗"。

"武者绘旗"发展到江户初期，绘画内容变得越来越丰富。除了钟馗和金太郎，鲤鱼跳龙门的故事也开始被搬到了绘旗上。这个源于中国的传说，令日本人武者绘旗的内涵产生了一次巨大的飞跃——鲤鱼旗终于出现了。只不过，最开始的鲤鱼旗是平面的，到江户中期，才开始有了大家现在所见到的风一吹就鼓起来、像一条活鲤鱼在空中游泳的立体鲤鱼旗。

最早出现的立体鲤鱼旗是"真鲤"——唯有一条的黑色大鲤鱼。按阴阳五行的说法，黑色代表的是水。水是生命之源，与枯山水的象征意义相似，全身黑色的"真鲤"也自带水源，长久飘舞空中也不会缺水。此外，日本人称家中的顶梁柱为"大黑柱"，因此，后来陆续出现了代表母亲的红色"绯鲤"和代表孩子的蓝色"青鲤"，黑色的"真鲤"则演变成了父亲的代表。

立体的鲤鱼旗在进入明治时代后成为主流，鲤鱼跳龙门的故事，也从此与端午节的鲤鱼旗完美合在一起，变得密

不可分。而纵观整个日本历史，明治时代，正是"日本"这
条鲤鱼跳龙门的时代。明治维新与鲤鱼旗——这两样毫不相
干的事物，居然毫无预谋地巧合在一起。就像近代日本的代
表、象征着集体主义的人工樱花染井吉野樱一样。

明治时代的日本人已经开始使用阳历，每年阳历 3 月
3 日是女儿节，有女儿的家庭在家中装饰女儿节人偶。端午
节也变成每年的阳历 5 月 5 日，有男孩的家庭都在家中悬挂
鲤鱼旗。因此，日本人的端午节，又称为"男儿节"。1948
年，日本政府将 5 月 5 日端午节这天规定为日本法定的"儿
童节"，因此，5 月 5 日这天，在日本同时拥有几个身份：端
午节、男儿节、儿童节。

此外，因为 5 月 5 日这一天，在日本的天空飘扬的鲤鱼
旗特别多，所以它还拥有一个别称，叫"鲤鱼旗之日"。日
本许多地区都会在 5 月 5 日前后举办"鲤鱼旗节"，成千上
万大大小小五彩缤纷的鲤鱼旗，在日本的蓝天下、山谷间、
溪流中，迎风飘扬，极为壮观。例如熊本县阿苏郡的杖立温
泉，每年有 3 500 条鲤鱼旗在 5 月的天空畅游。还有被称为
"鲤鱼旗之故里"的群马县馆林市，每年从 3 月到 5 月都会
举办日本最盛大的"鲤鱼旗节"，5 000 条以上的鲤鱼旗在空
中花枝招展，其数量之多，甚至被写入吉尼斯世界纪录。

尽管现在日本人很少使用阴历，但也并非日本所有的
地区都只过阳历的端午节。我曾去飞驒古川，发现这个地区
的人们，至今仍在过阴历的端午节。因此，飞驒古川的鲤鱼

旗，是从阳历 5 月 5 日一直悬挂到阴历五月五日的。飞驒古川的小街极为安静，民居黑白分明，小桥流水潺潺，令人恍若回到中国江南。"这儿还在过阴历的端午节呢！"看着清澈见底的小河里自由自在的鲤鱼，以及屋檐下悬挂的鲤鱼旗，我心里不免有些感慨。

侘·寂——至高至纯的生命原理

刘　柠

在构成日本美学的若干核心要素（诸如物哀、幽玄、有心、粹、涩）之中，没有比"侘"（wabi）、"寂"（sabi）更尴尬的存在了：一方面是气质高冷、存在感无敌，其无处不在，几乎成了日本艺术的代名词。可另一方面，你随便问一个日本人，"侘"是什么？啥叫"寂"？十有八九，会遭遇一脸茫然。即便查辞典，也只有最基本的、似是而非的解释。可没人否认，这两个词语的重要性——离了这一对近义词，中世以降的日本艺术、文化简直无可言说，无从谈起。

由于历史发展与自然环境、气候等原因，日本与欧美国家不同的一点，是没有留下如雅典卫城、古罗马斗兽场那样在视觉上壮阔宏伟的物质文化遗迹。但唯其如此，一种高度敏感、脆弱无常的美意识却得以纯化，并以近乎意识形态化的偏执，致力于从成、住、坏、死的自然寂灭过程中，发现和创造美，其意义远超越对特定物理形态的建筑及什物的保存。

应该说，侘寂就是这样一种异彩独放却难以言传的美（或曰存在方式）。美国文化学者李欧纳·科仁（Leonard Koren）认为："笼统地说，wabi-sabi（侘寂）在日本美的殿堂中所占据的位置，正好比古希腊对美和完美的理想在西洋社会所占据的地位一样。大而言之，是一种活法；谨而言之，是一种特殊的美的形态。""侘寂"是一个拒绝翻译的"日特主义"表达，被认为意思最接近的英文单词"rustic"，原意是"乡村的、野趣的、质朴的"，也只能表达其日文语境中有限的侧面。反而是"rustic"中所包含的另一个多少带有贬义的所指"乡巴佬，粗汉"，更契合"侘寂"的原始语义。

西方国家采取的方法是直接拿来。于是，"wabi""sabi"登堂入室，进入英文，成为类似"Zen"（禅）、"kimono"（和服）那样的日系英语词。但其实，对英美人来说，仍需转换（翻译）的过程，wabi-sabi 毕竟不像 kimono 那么具体，甚至也不如对 Zen 的理解"踏实"。对中国人来说也是一样。今天，有无数的小资媒体、"知日"系情报志、禅宗和茶文化公号在谈论侘寂，我甚至见过直接将这个词用作店幌的咖啡馆。但国人真的了解侘寂么？碰巧，侘寂是用汉字表记的文化现象，与禅相类似。可禅是从中国传入日本的，国人自然不陌生。而侘寂虽然被认为也源自 9 到 10 世纪中国诗和山水画中空灵孤绝的意境和极少主义风格的绘画表现，但做大却是在 16 世纪后半与和风传统融合后洗练化的结果。就连使用"侘"和"寂"的汉字表记，也是近世^①以后的事情。

所谓侘寂，其实是一种审美情趣，带有闲寂、寡淡、枯燥的味道，后渐次发展成一种艺术理念。"侘"在日语中有种贫乏、寒酸、孤单的语感。照"日本的《辞海》《大言海》的解释，有三重含义：

① 痛苦，烦忧；

② 以闲居为乐，转指闲居的处所；

③ 雅致、朴素、寂、闲寂。

但三层语义之形成，并非完全同步，而是在不同的历史时期文化形塑的结果。原本是指人在一种匮乏、不如意的状态下，产生的厌烦情绪和郁闷心理。中世以后，其语义中的负面要素逐渐剥落，开始作为一种正面价值受到肯定。而价值转换的动力，其实是一种时代氛围：在那样的氛围中，以古代后期到中世初期登场的遁世者的草庵蜗居和云水行旅为符号，那种脱离常轨的行为和生活方式被重新审视，获价值重估。如此，在西行法师、鸭长明时期，曾经贫困、悲催的消极负能印象，到了兼好时代，则成了一种积极的审美形象，虽仍未脱贫，但开始苦中作乐，给人以安贫乐道、随遇

---

① 日本历史的划分，中世是指镰仓幕府至江户幕府初期，近世则是指江户幕府中期至末期。

而安的风雅感觉，在和歌、连歌中，有很多类似的用例。如文正元年（1466），相国寺鹿苑轩主在其《阴凉轩日录》中，曾记录过一首和歌：

佗人过日子

吃的是杉菜

倒也挺自在

不过，这里的"佗人"，尚写作"わび人"。"わび"表记成"佗"，还是后来的事情。而更多褒义用例，是在俳谐和能乐中。

如果说"佗"是受贫乏的触发而渐次生成的美意识，"寂"则是时间流逝的自然结果，正如"sabi"的另一个意思是"生锈"（汉字标记为"錆、锈"）一样。而在和歌、俳谐中，"佗"与"寂"基本上是作为同义词，且往往连用。俳谐师松尾芭蕉尝言，"俳谐有三品，言寂寞之情者，以女色、美食之乐为'寂'者"，即所谓"风雅之寂"。与"佗"从古代到中世语义上的流变一样，"寂"的语境也不断拓展，从最初以负面为主的寂寥、枯寂，发展到正面语义为主的闲寂、闲适。如江户前期的俳谐师向井去来在《去来抄》中，记录过其先师对一首俳谐的评价。俳谐曰：

白首老夫妻

樱花树下两相依

亲密无间隙

对这首俳谐，他的老师评价道："'寂色'（さび色）浓郁，尤为可喜。"

对侘寂之风之发展贡献最大，使其作为一种美意识得以确立的，是茶道。侘与茶的结合，主要基于两点：一是使用各种"物"（mono）之器具的茶汤（cha-no-yu），具有为"物"之匮乏的文化心理结构所吸纳的特性；二是茶汤（茶道）与作为其母体的禅宗教义，有某种内在相通之处——于是，"侘茶"（wabi-cha，又称草庵茶）应运而生。

侘茶的始祖是奈良出身的僧人村田珠光（1423—1502）。室町时代中期，茶还是奢侈品，从中国舶来的精美茶具（所谓"唐物"）亦非一般家庭所能保有，吃茶是上流社会专享的娱乐。武士们围坐在"唐物数奇"（使用中国茶具的茶屋）风的书院座敷（亦称书院茶）里，把盏品茗，纵论国是，若用后来江户时代的表达来形容的话，是一种"粹"。但珠光却对这种时尚不以为然，公然反其道而行之，摒弃唐物，用当地产的质地淳朴、全无冗余装饰的茶器来践行茶道，变"唐物"（karamono）为"倭物"（wamono），变书院茶为草庵茶，从高大上的"完全美"到冷枯寒瘦的"麤（粗）相美"，从而确立了茶文化的主体性——珠光被认为是日本独特的侘茶传统的开创者。

不过，尽管基于所谓"麤相"的美意识之上的侘茶标榜"无一物"，可作为以城市人为主体的都市消费文化，拥有各种茶道器具无疑是门槛条件，实际上仍是"有德"（富人）们的娱乐。彻底打破这种"有德"文化消费的过度包装，直刺其美意识的核心，从而使侘茶成为真正"不装"且实至名归的草庵茶之集大成者，是安土桃山时代的茶人千利休（1522—1591）。

千利休出生于和泉国堺的商家，十七岁开始致力于茶道修业。天正十年（1582），织田信长遇刺后，利休侍奉信长的继任者、"天下的武将"丰臣秀吉。利休率九位高徒，在秀吉身边，是专事茶具鉴定、茶汤做法和茶器解说的茶头，史称"利休十哲"。一位名叫南坊的弟子，著有一册《南坊录》，记录了利休的茶道秘事和日常感悟。其中，关于侘茶之"侘"，南坊记述的利休语录是"佛心发露"：

"侘"的本意就是清净无垢的佛世界，拂去甬道、草庵的尘芥，主人、客人倾心交谈，规矩尺寸法度可以不讲。生火、烧水、喝茶，此外别无他事。这就是佛心发露之所。……狭小房间中举行的茶道要以佛法修行得道为第一。以房屋气派、饭菜丰盛为乐，乃是俗世之事。只要屋不漏雨、食可饱腹即可。此乃佛教与茶道之本意。

至此，我们便不难理解利休的茶做法及做法背后的微言大义了：他并不拘泥于名陶名器，而是赋予那些出自日本和朝鲜半岛的无名土窑、连制作者姓甚名谁都未知的粗陶以与唐物同格的"品"。在那片以农舍为原型，用带树皮的原木和泥打墙、茅草葺顶，仅有两张榻榻米大的茶室中，利休盘腿禅坐，以茶汤待客。来的都是客，全凭碗一只，无论面对的是大名武士，还是乡野村夫。在那个换算成现代公制单位后充其量只有 930 平方厘米的"螺蛳壳"里，利休将侘寂演绎到了极致，自由的气场穿透茶室的边墙，像磁力线一样四处辐射。在前卫艺术家赤濑川原平看来，千利休是"无言的前卫"。但其实，茶人是有表达的，且立场鲜明：他何尝不是以茶汤立言，在阐释一种至高至纯的生命原理？在利休的眼里，坐在纯金制奢华茶室里宴客的主人，不过是着"新装"的皇帝罢了。

利休眼里不揉沙子。果不其然，其判然分明的美学立场（其实是人生观）激怒了最高权势者太阁秀吉，招来杀身之祸——利休被命切腹自戕。在最后的大茶会即将打烊时分，所有来宾表达了对茶器之美的赞叹，茶师将所有的茶器分赠众人，只留下自己用过的那一只："被不幸的人的嘴唇玷污过的茶碗不该给别人使用。"说罢，打碎了自己的茶碗。冈仓天心所谓"惟以美而生之人，方能以美而死"，说的就是利休。

据说，利休还留下了一句话："我死之后，茶道衰微。"衰微与否，似有不同的标准和判断，但几乎所有人都尊千利休为茶道大师。且近世以降，垂范艺术史的伟大艺术，无一不是茶师的作品，如美术史上的琳派，建筑史上的经典二条城、名古屋城和桂离宫，陶瓷史上的远州七窑，不一而足。古老的禅语"一期一会"，被赋予更深的禅意，构成了今天以茶道为代表的侘寂哲学的根基：即使是同样侘寂的风景，此刻的侘寂已不同于彼时的侘寂。因为，风景在蜕变，观景的你也在变，而时间的沙漏在沉降。

中世后期的岛国，尚未"改革开放"，日本人不大会想到回应古希腊哲学家的命题"人不能两次踏入同一条河流"。不过，在某种意义上，倒是应了中国现代诗人卞之琳的那首著名的《断章》，风景、桥、明月和窗、看风景的你和装了你的别人的梦，是一种互为侘寂的关系——任何一个要素，都是其他诸要素的侘寂。

一个北京人
在东京

特别篇：一个北京人在东京

许知远

在出租车前座背上的屏幕里，我看到了查尔斯王子的照片，他的鼻头与脸颊皆发红。从照片旁新闻中的汉字里，猜得出内容，他的新冠病毒的检测呈阳性。

尽管在微信朋友圈，你或许早已知晓了这则新闻，但它在出租车里一则日本电子支付广告之后出现在眼前时，你仍有某种奇特感。车正经过日比谷公园，它的对面就是皇宫。

历史的吊诡之处也在于此，人们越强调平民精神与实用主义，人们也就越是渴望等级与无用之价值。

东京的皇宫与伦敦的白金汉宫，也分享着某种亲密感。它们统治的皆是岛国，自得于某种"光荣的孤立"，与大陆的关系若即若离，需要对方，又忧虑对方破坏自己的独立性。21世纪的这次脱欧行动，是英国与欧洲大陆纠缠史的最新一章。过去十年的日本，则急于应对一个重新崛起的中国，它的经济扩张、它诱人的购买力。这两个民族的性格，也不无相似，人与人之间有着隐晦又明确的界限感。

自 2020 年 3 月 3 日来到东京，我就没有戴过口罩。一周的夏威夷时光，像是某种精神抗体。在蓝天、沙滩、人群中大口呼吸、自由走动之后，那些忧虑似乎突然消失了。

在东京，你看到，倘若以病毒的视角，一个新世界版图开始浮现。当时的中国与韩国皆暂时遏制住了势头，意大利、西班牙、德国、英国、美国却开始爆发。意大利北部的伦巴第，失控的病人与崩溃的医疗系统，死亡与绝望主宰了一切。

东京，却保持了平静，甚至比我离开时更平静。2 月中旬，人们还会为出租车司机感染而焦虑，如今却习惯了这样的态势。比起整个世界迅速攀升的感染人数，日本的新增数字显得过分平淡。

当各国争相宣布进入紧急状态时，日本官僚系统似乎仍在焦虑奥运会能否如期召开。安倍政府期待这一时刻，这是他们重振日本的重大尝试，除去经济刺激，它还有助于建立日本在 21 世纪的新形象。1964 年的东京，曾通过第十八届奥运会，给世界展示了一个从废墟上站起、和平、繁荣、友善的新日本。而如今，在泡沫经济崩溃 30 年后，日本要在世界寻找一个属于它的新位置。与 56 年前不同，日本民众对于一个集体性目标缺乏热忱，也丧失了那种自我证明的冲动。走在东京街头，我常有种感觉，日本似乎来到这样一个时刻，国家性的感召丧失了吸引力，个体又未能从集体与社会的束缚中真正摆脱出来。

我开始对疫情的新闻，产生某种排斥。自 1 月 22 日的旅行开始，几乎每天，我都被潮水式的、或真或假的新闻包围着。一开始，我出于焦虑与好奇阅读它，接着，我开始过分依赖它，它构成了生活的全部，它经常陷入愤怒，再后来，我想删除它，不想被它吞噬，然后，我开始迟钝，对新的消息下意识地麻木，想从这个现实中逃离。

那个新闻世界，散发出一股浓重的超现实的味道。是啊，你可曾想到威尼斯的水路与街头皆空无一人，大阪的相扑选手在没有观众的体育场中角逐，香港匪徒抢劫了厕纸，加州的华人突然开始频频光顾枪支店……

前所未有地，我渴望日常的、规律性的生活。每天清晨，我在便利店买一份《日本新闻》(*Japan News*)，然后前往一家昭和风的咖啡店喝一款佐藤巴西咖啡（Saito Brazil）。我猜，那个打领结、穿深蓝色长围裙、颇似坂本龙一的店主，该是佐藤先生吧。我静静地读报，在报纸上，混乱的世界被组织起来，变得稍微有迹可循。中午时，我则在旁边的一家中华料理店，吃一份辣炒牛肉或是麻婆豆腐，这不可救药的中国胃，也满足了我对忠诚的渴望。这些规律帮我度过了旅居的焦灼，最初的度假，变成了此刻的流放。

在 3 月 13 日的《日本新闻》上，我读到了汤姆·汉克斯夫妇染病的消息。对我而言，这是另一个触动时刻。从高中时代开始，我就是他的影迷，像他所演的阿甘一样，他代表着希望、乐观与道德原则。这再度印证了病毒的危险性，也使这种危险以鲜明的、个体化的形象出现在你面前。

日本的节奏似乎仍有条不紊。《日本新闻》上对于本国的报道篇幅简短，甚至也不怎么聚焦在本国的疫情上。我仍去上野的火锅店与朋友涮毛肚，在六本木的文喫书店喝茶、读书。是的，商业区的人流明显地变稀少，戴口罩的人明显增加，时髦餐厅也不需要预订与排队，日常生活的节奏却仍在继续。人们也是惊人地冷静。我逐渐理解了日本人在灾难面前的冷静，倘若你早晨醒来，常感到地面的轻微颤抖，家中常备有急救包，其中还有不煮即热的饭菜，处处可见逃生聚集地标志，你也会有种镇定。比起地震、海啸与核泄漏，眼前的危机并没有那么显著。更何况，所有东京人都在等待一场更不可测的危机，距离关东大地震快一百年了，所有的地震专家都预言，一场相似震级的大地震即将发生，没人知道，它会在何时、以怎样的方式到来。

3 月 24 日，东京都知事小池百合子宣布突然增加的患者数字，劝告东京人减少社交活动，尽量待在家中，他们也在讨论是否以及如何封城。尽管"封城"（Lockdown）一词，已出现在世界新闻的每一篇主要报道里，你还是很好奇，东京该如何去应对。

焦虑又开始在我心中泛起。是的，当奥运会宣布延期的一刻，你就该意识到危险的显露。它意味着东京不再需要因这一国际盛会而刻意掩饰一些信息。所有的官僚系统都分享着相似的迟缓与否认，但在一个宪政、民主选举与新闻自由的国家，这种迟缓与否认就变得愈发困难，且代价高昂。

我下意识摇下了窗，想起自己忘记了戴口罩，通风或许可以降低被感染的风险。在银座的五町目，我下了车。

镰仓衬衫店仍在营业，当我试着用过分笨拙、刚刚记下的日语与店员交流时，对方突然说，"您是中国来的吧"。他是个身材高大的年轻人，足有一米九之高，但真正让我吃惊的，是他的北京口音，那是大栅栏、广渠门一带才特有的京腔，而且是老一辈人才会的发音节奏，你觉得它该是来自民国时的戏院、茶楼，应该再加上一句"爷，您来了"。

这一刻，我突然获得了少有的放松。小杨先生原是崇文区人，已经来东京六年了，其间没回过一次家乡。你猜得出，他一定与家人有着难以解释的冲突。他夸张、戏文式的肢体语言，流露着一些东西。他也很兴奋，能在生意如此惨淡的时刻，出现一个北京客人，可以让他尽情发挥一下乡音。在结账时，我对着日本收银员用英语说，"你的同事杨先生讲的北京话，就像是日语在江户时代的口音"。

走出店门时，我突然有一种奇妙的感受。令和时代真的开始了，与平成时代相比，它注定是个颠簸的年代。

——记于 2020 年 4 月